KB117028

처음 리더가 된 당신에게

The Novice but Smart

# LEADER

# 처음 리더가 된 당신에게

개정증보판

| 박태현 지음 |

중앙books

# 처음 90일, 시작의 질이 성패를 좌우한다

"조직에 속한 사람들은 자신의 무능함이 드러날 때까지 승진하는 경향이 있다." 컬럼비아대학교 교수 로렌스 피터가 1969년에 발표한 '피터의 법칙'의 핵심 내용이다.

조직에서 일을 잘하면 인정을 받고 승진을 한다. 자연스레 더 크고 많은 일을 하게 된다. 심지어 이전에 전혀 경험해 본 적이 없는 일을 하게 되는 경우도 많다. 그런데 여기서 신경 써야 하는 것은 일을 잘해서 더 큰 기회를 얻지만 더 큰 기회를 얻기 때문에 일을 잘 못하게 될 확률이 높아진다는 점이다. 특히 처음 리더가 된 당신은 실무자로서는 탁월했을지 모르지만 리더로서는 완전한 초짜인 상태일 가능성이 높다. 일을 잘한다는 것과, 사람과 조직을 잘 리드한다는 것은 완전히 다른 이야기이기 때문이다.

'피터의 법칙'이 주는 시사점은 두 가지다. 하나는 자신의 역량과 에너지로 감당할 수 없는 자리에 오르지 말 것이며, 다른 하나는 그런 자리에 오르면 이른 시일 내에 무능을 극복할 수 있도록 역량을 키우라는 것이다.

처음 리더가 되었다는 것은 어쩌면 조직에서 일해 온 이래 가장 큰 변혁과 도전의 상황에 직면해 있다는 것을 말한다. 당신이 리더로서 자질을 이미 갖춘 사람이면 그나마 다행이지만, 그렇지 못하다면 당신은 승진과 동시에 위기를 맞게 된다.

한 조직의 수준은 조직을 이끄는 리더의 수준을 넘을 수 없다. 리더의 무능은 필연적으로 조직의 무능으로 이어지고 그 결과로 조직은 경쟁력을 잃어버리고 만다. 그리고 그 속에서 일하는 직원들은 무슨 죄인가? 무능한 리더는 직원들에게 전생의 업보이자 '웬수'와 같다. 리더를 잘못 만나면 경력은 물론이고 나아가 인생을 망칠 수도 있다.

드디어 팀장이 되었다는 승진의 기쁨을 누릴 여유가 없다. 어쩌면 지금 당신의 인생은 감당 못할 위기를 맞고 있는 형국인지 모른다.

이런 상황에서 당신은 지금 무엇을 하고 있는가? 처음 리더가 된 후 훌륭한 리더가 되어야겠다는 마음으로 출사표를 던졌을지 모르나 혹시 마음만 앞서고 무엇을 해야 할지 몰라 우왕좌왕하고 있지는 않은가? 리더십은 의욕만으로 되는 것이 아니다. 또한 자리가 저절로 사람을 만드는 일은 없다.

토끼 무리의 왕이 된 토끼가 있었다. 누구보다도 토끼 무리를 잘 이끌 거라는 주변의 기대감을 안고 왕으로 등극하였다. 하지만 왕이 되고 나서 그는 큰 혼란에 빠지게 되었다. 토끼들이 자신을 잘 따르지도 않고 말도 많으며 일하는 모습도 성에 차지 않았다. 그래서 그는 동물의 왕이라고 일컬어지는 사자를 찾아가 리더십을 배우기로 했다. 사자의 포효 소리를 배우면 토끼들을 잘 다스릴 수 있을 것 같았다. 우여곡절 끝에 사자의 왕을 만날 수 있었다. 어찌해야 할지를 묻는 토끼의 왕에게 사자는 이렇게 말했다.

"나는 동물의 왕이 아니라 사자의 왕이다. 그리고 너는 토끼의 왕이다. 사자를 대하는 것과 토끼를 대하는 것이 어찌 같을 수 있겠는가? 네가 어찌해야 할지는 너와 함께 생활하는 토끼들이 더 잘 알 것이다. 나를 찾아올 게 아니라 그들을 찾아가 물어보아라."

리더십엔 정답이 없다. 업무의 성격, 조직의 상황, 직원들의 성향, 리더 본인의 성격과 특성 등에 따라 발휘되어야 하는 리더십이 다르다. 학계에서는 최신 리더십 이론이나 트렌드를 쏟아내며 강조하기도 하는데 복잡하고 다양한 상황을 설명하기에는 많이 부족하다. 진정으로 현장에 필요한 리더십은 최신 리더십이 아니라 현장에 맞는 리더십뿐이다.

따라서 리더십의 정답은 '지금보다 더 나은 리더가 되기 위한 노력'뿐이다. 자신의 부족함을 알고 더 나은 리더가 되기 위한 끊임없는 자기 성찰과 변화의 노력만이 당신을 진정한 리더로 만들어줄 것이다. 또한 직원들과의 지속적인 소통을 통해 팀 경영을 위한 효과적인 방법을 찾고 적용하는 일상적인 노력이 뒤따라야 한다.

나는 이 책을 처음 기획하게 되었던 상황을 매우 잘 기억한다. 회사에서 리더십 개발 업무에 몰입하고 있을 당시 나는 서점에서 회사의 신임 팀장에게 도움이 될 만한 책을 찾고 있었다. 당시 나의 판단은 리더십을 다룬 책들은 수도 없이 많지만 아쉽게도 우리나라의 신임 팀장에게 딱 맞는 실무 팀장 서적은 별로 없다는 점이었다. 신임 팀장이 필요로 하는 리더십 지식은 당장 현장에서 쓸 수 있을 정도로 실용적이어야 한다. 하지만 기존의 책들은 리더십 이론서에 가깝거나 일반적인 내용을 담고 있어 팀장의 현실적인 어려움을 직접적으로 도와주는 데 한계가 있어 보였다. 또한 몇몇 실무서가 있긴 했지만 대부분 외국에서 쓰인 것들이어서 우리나라의 조직 상황이나 문화와는 다소 거리감이 있어 보였다.

그래서 나는 신임 팀장이 초기 1년 동안 직면하게 될 상황이나 고민들을 정리하고 적합한 해결 아이디어를 제시하는 팀장 리더십 실용서를 직접 쓰기로 결심했다. 특히 한국의 조직 현장에서 빈번하게 발생하는 주요 리더십 이슈와 실질적인 현장의 해결책을 다루고 싶었다. 약 20년 동안 기업 현장에서 리더십과 조직 개발 전문가로 활동하면서 보고 경험하고 배운 것을 정리한다면 충분히 유익한 팀장 리더십 실용서가 나올 것이라 믿었다.

운이 좋게도 출간되고 지난 5년 동안 이 책은 독자들로부터 과분한 사랑을 받았다. 그리고 출간한 지 5년이 지난 이 시점에 나는 개정판을 준비하지 않을 수 없게 되었다. 최근에 조직 사회에서 일어나는 다양한 변화상을 반영하여 처음 리더에게 좀 더 충실하게 도움이 되고 싶었기 때문이다.

　처음 뭔가를 시작하는 사람에게 항상 해주는 말이 있다. 바로 '시작이 반'이라는 말이다. 이 말은 시작이 어렵더라도 일단 좌고우면하지 말고 시작부터 하라는 것이 일반적인 해석이다. 하지만 나는 조금 다르다. 나는 이 말을 시작의 품질이 전체의 절반 이상에 해당할 만큼 중요하니 굿 스타트를 해야 한다는 말로 해석한다. 처음 리더가 된 당신에게 중요한 시기는 처음 1년이다. 이 기간을 어떻게 보내느냐에 따라 리더로서 당신의 운명이 정해질 것이다. 이 책이 리더의 역할을 수행하는 당신에게 리더십 실무 지침서로서 도움이 되길 바란다.

2020년을 시작하며
박태현

## 차례

**1장
리더의 철학**

**2장**
# 조직 운영

**3장**
# 성과 관리

# 4장

## 동기 유발

# 5장

## 피드백의 기술

## 6장
# 인재 활용

## 7장
# 인재 육성

에필로그
## 리더십은 습관이다

**How to Become the Leader
You Want to Be**

 How to Operate
Team Routine

 Performance
Management

 Strategies to
Empower the Team

 How to Carry out Performance
and Development Coaching

 How to Manage
Talented People

 Keeping Valued People
in Your Orbit

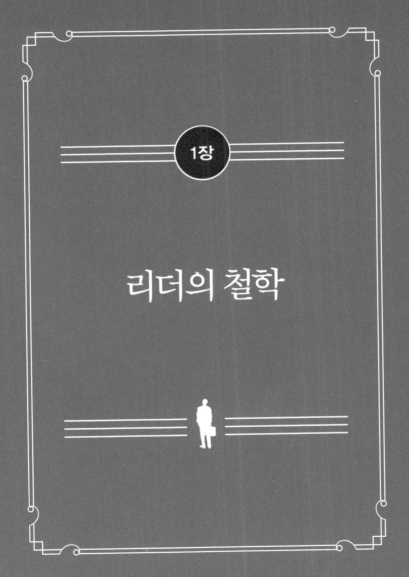

# 1장

# 리더의 철학

# 당신은 어떤 리더가 되고 싶은가

> " 팀장이 됐습니다. 갑자기 팀장이 돼서 기분이 좋지만, 한편으로 걱정이 앞섭니다. 내가 과연 팀장 일을 잘 수행할 수 있을까요? 한다고는 하는데 잘하고 있는지 못하고 있는지조차 잘 모르겠습니다. 하다못해 팀원들을 어떤 식으로 대할지도 고민입니다. 이전에 저와 동료 관계였던 팀원도 있거든요. 왠지 나에 대한 의구심을 갖는 것 같기도 하고요. 잘할 수 있을까요? "

김 차장은 부장으로 승진하며 전략기획팀의 팀장이 되었다. 인사발령이 나자마자 누구한테 축하를 받았는지도 모를 정도로 이곳저곳에서 오는 축하 인사와 전화를 받느라 정신이 없다. 직장생활 최고의 순간이다. 그간 힘들었던 일들이 주마등처럼 스쳐 지나갔고 한순간에 보상을 받는 느낌이다.

인사발령 다음 날, 전날 축하 회식의 술기운이 미처 사라지지 않은 상태에서 조직의 장으로서 역할을 수행하게 된다. 아직 팀장이라는 호칭도 어색하고 회의할 때 상석에 앉아 뭔가를 이야기해야만 하는 상황도 불편하다. 서서히 마음이 무거워지기 시작한다. 이전과는 비교되지 않을 정도의 업무량이 어깨를 짓누른다. 내 일만 잘하면 되는 상황에서 이제는 모든 팀원들의 일을 다 챙겨 잘 해내야 한다.

이뿐인가? 그전까지는 그냥 이름 정도나 알고 있었던 팀원들에 대해서도 죄다 알아야 한다. 인적 사항이나 가족 관계는 기본이고 각 개인의 선호나 전문 분야 등까지 세세하게 파악해야 한다. 팀원들과의 깊은 소통은 필수적이다. 설득할 것은 설득해야 한다. 그들의 마음속에 무엇이 들어 있는지도 확인하고 이해할 수 있어야 한다. 만나야 하는 사람도 기하급수적으로 늘었다. 시시때때로 불러대며 이 것저것 꼬치꼬치 물어보고 지시를 날려대는 바로 위 본부장만 상대해도 하루가 어떻게 지나가는지 알 수가 없다. 팀과 연계된 주변 부서나 협력업체 등 다양한 이해관계자들과도 수시로 만나야만 한다. 팀 혼자서 만들어낼 수 있는 성과는 거의 없기 때문이다. 몸도 바쁘지만 마음은 더 바쁘다. 늘 쫓기는 느낌이다. 쉬고 있어도 쉬는 게 아니다.

## | 과거와 단절하라

어느 날 갑자기 팀장이 바뀌면 팀원은 다음의 세 가지 복잡한 마음을 갖게 된다.

첫째, 과연 새로 온 팀장이 리더로서 준비가 되어 있는 사람인지에 대한 의구심이다. 당신을 처음 본 팀원이라면 당신이 매우 낯설게 느껴질 것이다. 당신을 아는 사람이라도 의외의 인사라는 생각에 고개를 갸우뚱하고 있을지도 모른다. 설상가상으로 당신과 라이벌 관계에 있었던 팀원이 있다면 그는 당신이 없는 곳에서 당신을 깎아내리거나 당신의 존재를 부정하는 언행을 일삼고 있을 수도 있다.

둘째, 당신에 대한 심리적 거리감이다. 팀장이라는 직책은 대체로 인사와 평가 권한을 갖는 위치다. 얼마 전까지 동료로서 할 얘기 못할 얘기 다 하고 지내는 사이였더라도 이제는 다를 수 있다. 이제는 말도 가려 해야 할 상황이다. 제아무리 이전에 친한 동료였다 하더라도 조직에서 직책이 주는 거리감은 어쩔 수 없다.

마지막으로 팀장과 자신의 관계에 대한 불안감이다. 이전 팀장에게 인정받은 팀원의 경우에는 팀장 포지션의 당신 존재가 자신의 경력에 도움이 안 된다고 생각할 수도 있다. 당신과 코드가 맞는지 아닌지 계속 탐색할 것이다. 팀원 시절 당신과 갈등이 있었던 팀원이 있었다면 그는 매우 낙담하고 있을 것이다.

이를 정리하면 아래와 같다.


**새로운 팀장에 대한 팀원의 세 가지 마음**
- 팀장 역할 수행 능력에 대한 의구심
- 심리적 거리감으로 인한 불편함
- 새로운 관계 형성에 대한 불안함

이렇게 팀원들은 팀장이 새로 오면 팀장 역할 수행 능력에 대한 의구심, 심리적 거리감으로 인한 불편함, 새로운 관계 형성에 대한 불안감의 세 가지 복잡한 마음을 갖게 된다. 이러한 상황에서 팀장인 당신이 가장 먼저 해야 할 일은 한 가지다. 그것은 바로 '과거와의 단절'이다.

비유하면 당신은 연극 무대에서 지금까지 해온 배역을 뒤로하고 새롭고 더욱 중요한 배역을 맡게 된 것이다. 스스로 어색한 마음에 '술에 술 탄 듯, 물에 물 탄 듯' 이전과 다름없는 모습을 계속 유지한다면 당신에 대한 의구심, 불편하고 불안한 마음은 점점 더 증폭될 것이다. 지금 당신에게 필요한 것은 순발력이다. 팀원에서 팀장으로의 모드 전환이 신속하게 이뤄져야 한다.

이를 위해 리더로서 당신에게 요구되는 역할이 무엇인지를 먼저 명확히 파악해야 한다. 그리고 당신의 행동을 점검하고 더욱 리더에게 어울리는 행동을 선택해야 한다.

과거와의 단절은 팀원 개개인과의 관계에서도 마찬가지다. 이전에 팀원 개개인과 맺었던 관계는 이제 잊어라. 개인적으로 친했든 친하지 않았든, 함께 일했든 일하지 않았든, 코드가 맞았든 맞지 않았든 과거의 기억은 모두 잊어야 한다.

과거를 잊고 이제는 팀장과 팀원의 새로운 관계를 만들어가야 한다. 사람은 늘 편한 사람을 만나려는 경향이 있다. 이제는 편하지 않은 팀원들과 함께 보내는 시간을 많이 가져야 할 것이다. 공평무사의 원칙이 적용될 것임을 팀원들에게 알리고 이를 몸소 보여주어야 한다.

## 당신의 팀이 좋아지고 있는가? 나빠지고 있는가?

나는 조직 개발 전문가로 현장에서 수많은 팀을 만나며 팀에서 발생하는 문제를 해결하고 변화를 돕는 일을 해왔다. 팀원의 숫자가 100명이 넘는 조직부터 한두 명인 조직까지 다양하게 만나면서 우리나라에서 일어날 수 있는 다양한 조직의 문제와 이슈들을 수도 없이 접해왔다. 이러는 과정에서 종종 과거에 만났던 팀을 다시 만날 기회가 있는데, 나를 놀라게 하는 것은 내가 전에 알던 모습과 완전히 다른 팀이 되어 나타나는 일이 많다는 점이다. 예를 들면 전년도에 최고의 팀이 최악의 팀이 되어 나타나는 경우도 있고 그 반대의 경우도 있다. 도대체 무엇이 작용하여 팀이 이렇게 바뀌게 될까?

극적인 변화를 겪는 팀에서 발생하는 공통적이면서도 눈에 띄는 현상 한 가지를 찾을 수 있었다. 바로 팀장이다. 팀장 하나 바뀌었을 뿐인데 완전히 색깔이 다른 팀이 된다.

팀장이 팀 분위기에 미치는 영향은 거의 100퍼센트다. 팀원 한두 명이 바뀌었다고 해서 팀 분위기가 바뀌는 일은 많지 않다. 하지만 팀장이 바뀌면 팀 분위기는 확실히 바뀐다. 팀장은 스스로 생각하는 것보다 훨씬 더 큰 영향력을 가지고 있다. 자신의 뜻대로 팀이 움직이지 않는다고 푸념하는 팀장도 많이 보게 되는데, 이 경우에 대한 나의 답변은 다음과 같다. 자신의 뜻대로 팀이 움직이지 않는 리더십을 발휘하기 때문이라고.

당신이 만나는 팀은 당신에 의해 바뀌게 된다. 다음의 질문에 답을 해보자.

"당신을 만나 팀이 이전보다 더 좋아질 것 같은가? 이전보다 나빠질 것 같은가?"

현재진행형으로 다시 질문해 본다.

"당신을 만나 팀이 이전보다 좋아지고 있는가? 아니면 나빠지고 있는가?"

당사자가 뭐라 대답하기 곤란하고 짓궂은 질문이라는 점을 안다. 하지만 머지않아 당신과 함께 일하는 팀원들은 이 질문에 대해 확실히 답변하게 될 것이다. 다시 말하지만 당신을 통해 당신의 팀이 바뀐다.

## 당신은 어떤 리더가 되고 싶은가?

나는 승진자 대상으로 리더십 강연을 할 때 참석자들에게 항상 던지는 질문이 있다.

"당신은 어떤 리더가 되고 싶습니까?"

의외로 이 질문에 답변하지 못하는 리더들이 아주 많다. 뭔가 의견을 말해도 평소 마음속에 담고 있었던 말이라기보다는 즉흥적으로 머릿속에 떠오르는 몇 마디를 읊어대는 수준이다.

위의 질문은 리더로서의 소신과 철학을 묻는 것이다. 이 질문에 대해 제대로 답변을 못 하는 리더는 많은 시행착오를 경험하게 될 것이다. 마치 결혼하고 아이가 태어나서 갑자기 부모 역할을 하게 된 것과 같다. 아이를 어떻게 키워야 할지 아이에게 어떤 부모가 되어야 할지에 대해 단 한 번도 생각해본 적이 없는 상황이다. 아이를 키우면서 아주 많은 시행착오를 하게 될 가능성이 높다. 대개 이런 경우에는 자신이 양육되었던 방식으로 아이를 키울 가능성이 높다. 그만큼 과거의 방식으로, 요즘 시대에 맞지 않을 가능성도 있고 아이 고유의 특성을 고려하지 않는 방식으로 양육할 가능성이 높다.

리더로서의 소신과 철학이 없는 리더는 대체로 두 가지 스타일의 리더십을 발휘하는 경향이 있다.

하나는 '따라쟁이 리더십'이다. 달리 말하면 과거에 모셨던 선배 리더의 행동을 그대로 답습하는 리더십이다. 그것이 좋은지 나쁜지에 대해서는 별생각이 없다. 그저 자신이 실무자였을 때 팀장이 보였던 언행이나 일하는 방식을 자신도 모르게 따라 하는 것이다. 심지어는 '나는 절대 저러지 말아야지!'라고 결심했던 것들까지도 따라 하게 되는 경우도 있다. 말하자면 욕하면서 배우는 것이다.

또 다른 하나는 '승질대로 리더십'이다. 문법상 '성질대로'가 맞지만 '승질대로'가 이 상황에 더 적합한 표현이라고 생각한다. 오타가 아니다. '승질대로 리더십'은 자기 성깔과 스타일을 고집하는 리더십이다. 자신의 성깔과 스타일이 해당 조직과 사람들에게 잘 어울린다면 다행일 것이다. 하지만 그렇지 않다면 이처럼 위험한 상황도 없을 것이다. 조직과 사람들은 무슨 죄인가? 제멋대로인 리더를 둔 죄로 재앙과도 같은 일을 맛보게 될 것이다.

오늘날 리더십에 있어 가장 큰 문제는 리더에게 지나치게 많은 것을 요구하고 있다는 점이다. 세상의 좋은 말이 모두 리더십이라는 말로 포장되다 보니 리더십이 점점 어렵고 복잡해진다. 결정 마비 (Decision Paralysis)라는 행동심리학 용어가 있다. 선택해야 할 것이 너무 많으면 아무것도 선택하지 못하게 된다는 말이다. 누가 봐도 고매한 인격에 덕을 갖춘 사람도 무능한 리더가 되는가 하면, 직원들 입장에서는 고개가 갸우뚱거려지는 사람이 탁월한 성과를 창출하고 위대한 리더로 존경받게 되는 일도 많다. 조직이 필요로 하는 리더십을 발휘하는 사람이 최고의 리더인 것이다. 이러한 관점에서 리더는 무엇보다 자신에게 어떤 리더십이 요구되는지를 명확하게 알고 있어야 한다.

조직이 자신에게 무엇을 요구하는지 알지 못하는 리더는 대개 리더 이전과 이후의 행동에 별 차이가 없다. 어울리지 않는 옷을 입고 리더의 자리를 꿰차고 있는 꼴이다. 자신의 평소 불완전한 행동을 직원들에게 날로 노출하고 만다. 더 큰 문제는 개선의 여지가 없다는 점이다. 스스로 반성할 기회를 갖지 못하기 때문이다. 이와 같은 문제가 발생하는 이유는 미처 준비되지 않은 상태에서 리더의 자리에 오르기 때문이다. 실무자로서는 탁월했을지 모르지만 탁월한 실무자가 탁월한 리더가 되는 것은 아니기 때문이다.

처음 리더 된 당신은 조직이 당신에게 무엇을 요구하고 있는지를 잘 알아야 한다. 그리고 그 속에서 자신이 어떤 리더십을 발휘해야 하는지를 찾아내야 한다. 리더 역할에 대해 생각할 시간을 갖지 않으면 그때그때 해야 할 일을 처리하기 급급할 뿐, 좋은 리더가 되기 어렵다. 다음의 질문에 대해 답변을 해보자.

당신은 어떤 리더가 되고 싶은가?

#  '리더놀음'에 빠지지 말라

" 우리 팀원에게 충격적인 이야기를 들었어요. 제가 전임 팀장과 똑같이 행동한다고 합니다. 믿을 수 없는 일입니다. 그런데 솔직히 팀원 앞에서 어떻게 행동해야 할지 잘 모르겠어요. 그러다 보니 저에게 익숙했던 전임 팀장의 행동을 따라 하고 있었나 봅니다. 그렇게 좋은 팀장도 아니었는데…. 좀 시간이 지나면 저만의 리더십 스타일이 나오게 될까요? "

리더가 되면 이전에 갖지 못했던 힘을 갖게 된다. 밑에 직원들이 생기고 그들로부터 깍듯한 대접을 받는다. 팀원이었을 때는 스스럼없이 "No!" 의견도 냈던 동료들이었는데 팀장이 된 후로는 반대의견을 제시하지 않는다. 회사의 대접도 달라지고, 사무실 자리도 바뀌고, 처우도 올라가고, 만나는 사람도 달라지며, 고급 정보도 팀원보다 먼저 알게 된다.

그리고 이 자리에 오르기 위해 그간 힘들었던 과정을 보상이라도

받으려는 듯 그 힘을 확인하고 누리고자 하는 욕구가 분출된다. 이
것이 리더가 되면 몸에 힘이 들어가고 목이 뻣뻣해지는 가장 대표적
인 이유다.

욕을 습관적으로 내뱉는 사람이 있었다. 그는 그간의 탁월한 업무
실적을 인정받아 팀장의 자리에 오르게 되었다(이런 사람이 어떻게 팀
장이 될 수 있을까 의심스럽겠지만 우리 주변에는 이런 일이 왕왕 발생한다).
사람을 존중하는 태도는 굳이 언급하지 않아도 누구나 알 수 있는 리
더의 기본적인 소양이다. 따라서 리더가 되면 이런 말도 안 되는 행
동은 스스로 알아서 제거해야 한다. 그런데 그는 오히려 그 반대였
다. 팀장이 되니 욕과 관련해서는 고삐 풀린 망아지 수준이 되어 버
렸다. 그는 친밀감에서 또는 팀원들이 편해서 하는 욕이라고 변명할
지는 몰라도 팀원들은 절대 그렇게 받아들이지 않을 것이다. 실제 그
팀의 팀원들은 그에게 늘 주눅이 들어 있었다. 나는 그의 모습을 보
면서 한 사람의 나쁜 행동은 힘을 갖게 되면 더욱 강해질 수 있음을
알게 되었다.

스포츠에서는 몸에 힘이 들어가면 절대 좋은 플레이를 할 수 없다.
같은 이치로 리더는 목에 힘이 들어가면 안 된다. 자신의 힘에 걸려
제풀에 쓰러지지 않도록 일상적으로 보이는 자신의 말과 행동에 각
별한 관심을 기울여야 한다. 더불어 리더로서 요구되는 행동에 더욱
큰 관심을 가져야 한다.

욕하면서 배운다는 말이 있다. 욕하면서도 보고 들은 게 그것밖에
없으니 부지불식중에 따라 하는 것이다. 게다가 실무자였을 때와는

다르게 자신의 말이나 행동에 토를 다는 사람도 없다. 이와 같은 환경에서 멀쩡했던 사람도 리더가 되면 누가 가르쳐주지 않아도 자연스레 터득하는 행동이 있다. 소위 '왕놀음'이다. '왕놀음'의 정의는 구성원을 무시하며 리더의 지위를 남용하는 행동이다. '왕놀음'이라고 표현하면 대다수 리더들이 자신에게 해당하는 행동이 아니라고 할 가능성이 높아 '리더놀음'이라고 다시 표현하고자 한다. '왕놀음', 아니 '리더놀음'이라 불리는 구체적인 행동은 다음과 같다.

**'리더놀음'의 13가지 행동**

1. 구성원의 이야기를 시큰둥해하고 건성으로 듣는다.

2. 회의나 모임에는 항상 가장 늦게 도착한다.

3. 구성원을 손가락으로 오라 가라 하며 자기 자리로 불러댄다.

4. 구성원이 인사를 하면 받는 둥 마는 둥 한다.

5. 항상 무게를 잡고 인상을 쓰며 다닌다.

6. 구성원에게 말을 함부로 한다.

7. 구성원에게 왕년의 자기 자랑을 습관적으로 한다.

8. 도무지 뭘 새롭게 배우려 하지 않는다.

9. 회의 때 자기 말만 한다.

10. 구성원과 면담 중에도 오는 전화는 다 받는다.

11. 명백한 잘못을 하고도 사과하지 않는다.

12. 말을 모호하게 해서 뭔 말인지 헷갈리게 만든다.

13. 어디에 가든 자신이 중심이어야 하고 대접받으려 한다.

혹시 위의 13가지 리더놀음 행동 가운데 자신에게 해당하는 행동이 있지는 않은지 체크해보기를 바란다. 일전에 한 독자로부터 이와 관련된 피드백을 받은 적이 있다. 그로부터 받은 피드백을 소개한다.

"저는 팀장이 된 후 팀원과의 관계가 나빠 많이 고생하고 있었습니다. 어떻게 하면 팀원과 좋은 관계를 형성할 수 있을지 늘 고민이었습니다. 그런데 우연히 '리더놀음의 13가지 행동'을 접하고는 이 가운데 저에게 해당하는 행동이 꽤 많음을 알게 되었습니다. 그래서 다른 건 몰라도 이런 행동만큼은 하지 않기로 결심했습니다. 두 달 동안 업무 다이어리의 맨 앞면에 적어놓고 반복해서 보면서 저의 행동을 개선하는 노력을 했습니다. 그런데 놀랍게도 그 효과는 즉각적으로 나타났습니다. 이전보다 팀원과의 관계가 훨씬 더 좋아졌고 팀원들이 저를 많이 따르는 모습입니다."

훌륭한 리더는 조직과 조직의 구성원이 자신에게 요구하는 역할을 잘 알고 있다. 그리고 이러한 역할에 필요한 행동들을 충실히 수행한다. 리더로서 부족한 부분을 과감히 버리고 조직이 필요로 하는 리더의 행동을 보여준다. 자신의 행동을 바꾸는 일은 물론 쉽지 않다. 그러나 조직을 이끄는 리더는 자신의 행동을 바꿀 수 있어야 한다. 그렇지 않으면 리더가 될 자격이 없다.

나는 우리나라의 잠재력을 믿는다. 그 이유는 변화에 대한 적응력이 세계 최강 수준이기 때문이다. 조직 사회에서 가장 안 바뀌는 것이 조직 문화다. 조직 문화가 쉽게 바뀐다면 그것을 조직 문화라고 부르지도 않았을 것이다. 그런데 요즘 우리 사회의 조직 문화가 경이적인 수준으로 바뀌고 있다. 대표적인 게 소위 '힘희롱'이라고 불리는 갑질 문화의 퇴조 현상이다. 몇 년 전부터 갑질이 사회적으로 크게 이슈화되었고 이제는 '갑질'에는 사회 전체가 알레르기 반응을 보인다 해도 과언이 아닐 정도다. 하지만 내가 계속해서 '리더놀음'을 강조하는 이유는 여전히 현재 조직에서 리더 역할을 수행하거나 하게 될 사람들이 과거 갑질이 일상이었던 조직 사회에서 자라고 성장해왔기 때문이다. 추세로 봤을 때 '조직 내 갑질'은 예측하건대 빠르면 5년, 늦어도 10년 후에는 조직 내부에서 완전히 사라지게 될 것이다. 그때까지 나는 계속해서 리더놀음을 강조할 것이다.

내가 잘 아는 팀장 가운데 한 명은 자신이 팀장으로서 꼭 지켜야 할 핵심 가치를 '존중'이라는 키워드로 정했다. 그리고 그는 '존중'이라는 키워드와 관련된 일곱 가지 행동 수칙을 찾았다. 그의 다이어리를 보면 맨 앞 페이지에 다음과 같은 행동 수칙이 또박또박한 글씨로 기록되어 있다.


팀원 존중을 위한 행동 수칙

1. 팀원의 말을 끝까지 듣는다.

2. 팀원을 웃는 얼굴로 대한다.

3. 팀원의 애경사와 각종 기념일을 철저히 챙긴다.

4. 팀원에게 어떤 업무를 맡길 때는 일의 목적과 배경에 대해 자세히 설명한다.

5. 팀원과 월 1회 이상 일대일로 만나 대화한다.

6. 팀원에게 감사와 칭찬의 표현을 아끼지 않는다.

7. 팀원에게 존댓말을 사용한다.


나는 그가 팀원에게 반말하는 경우를 한 번도 본 적이 없다. 존댓말을 쓰는 이유는 상하관계를 막론하고 그 사람을 동료로서 존중하기 때문이라고 그는 말했다.

한 사회가 발전하는 것을 여러 척도로 판단할 수 있겠지만 그 가운데서 절대 빠져서는 안 되는 것이 있는데, 그것은 사람을 대하는 태도다. 결국 인간 사회에서 가장 중심이 되어야 하는 것은 사람일 수밖에 없기 때문이다. 사람 사는 세상에서 사람을 제외한다면 남는 것이 무엇이겠는가? 모든 사람이 동등하게 귀하게 대접받는 사회가 가장 이상적인 사회의 모습이다. 과거의 조직 사회에서는 다 그런 것은 아니겠지만 조직의 구성원을 졸로 보는 경향이 있었다. 구성원은 상급자의 지시를 잘 따르고 이행하는 존재에 불과했다. 그러나 이 같은 조직 운영 방식은 힘을 잃어가고 있다. 더 이상 이런 분위기 속에서 일하고 싶어 하는 사람은 없을 것이기 때문이다. 더구나 이 세상은 정답이 없는 세상이 아닌가? 상위 직급에 있는 사람이나 하위 직급에 있는 사람이나 답을 모르기는 매한가지다. 결국 조직을 구성하는 다양한 사람들의 현장 경험과 지력이 함께 했을 때 비로소 조직이 경쟁력을 가질 수 있다. 모두가 동등하게 존중받으며 참여하는, 팀으로 일하는 조직이 되어야 한다.

이제 팀장에게 팀원은 더 이상 아랫사람이 아니다. 함께 일하는 동료이자 파트너다. 팀원을 존중하지 않거나 팀원 위에 군림하고자 하는 팀장이 있다면 그는 과거 속에 살고 있는 사람이다. 한마디로 팀장의 자격이 없는 사람이다.

# 리더, 초라한 모습을 보이지 말자

> " 팀장이 된 후 컨디션이 아주 엉망입니다. 잠도 잘 안 오고 몸은 천근
> 만근입니다. 늘 두통을 달고 살고 혈색도 안 좋고 얼굴은 푸석푸석합
> 니다. 팀원들이 보기에도 제가 별로 좋아 보이지 않나 봅니다. 내 컨
> 디션을 걱정해주는 팀원도 있네요. 팀장이 팀원들에게 롤모델이 되어
> 야 한다고 하는데 그러려면 자기관리를 잘해야겠죠? 팀장은 어떤 식
> 으로 자기관리를 해야 할까요? "

구성원이 가장 실망하는 리더의 모습은 무엇일까? 무능함?
포악함? 무식함? 시니컬함?

리더십 강연을 진행하면서 의외로 '초라함'이라는 답을 제일 많이
얻었다. 현재 리더의 자리에 있기는 하지만  미래가 매우 불안하고
걱정스럽기만 하다. 그간 회사 생활을 오래 해온 만큼 회사에서 앞
으로 일할 수 있는 날도 그리 많이 남아 있지 않아 보인다. 그렇다고
뭔가 내세울 만한 필살기를 가지고 있는 것도 아니다. 특히 리더의

자리에 오르게 되면 절대 그래서는 안 되겠지만 실무에서 좀 멀어지는 경향이 있다. 상황이 이 지경인데도 미래를 위해 뭔가를 준비하는 모습도 보이지 않는다. 믿을 구석이라고는 누가 봐도 위태롭게 보이는 현재의 자리가 전부다. 그러고는 구성원을 모아놓고 한다는 소리가 오히려 지금의 자신을 더욱 초라하게 만드는 왕년의 자기 자랑이다.

구성원 입장에서 리더의 모습은 그 자체로 자신들의 앞날을 예측할 수 있는 중요한 판단의 근거가 된다. 좀 더 구체적으로 말하면 조직 내에서 자신의 5년 후나 10년 후 최고의 모습이 자신의 곁에 있는 리더의 모습일 수도 있다. 당신과 함께 일하는 구성원의 경력 종착점이 현재 당신의 모습일 수 있다는 말이다. 그런데 당신의 모습이 멋져 보이기는커녕 초라해 보이기만 한다면 구성원은 조직에서 비전을 찾기는커녕 다른 길을 알아보고 싶은 마음이 들 것이다. 리더가 초라하면 그와 함께 일하는 구성원도 함께 초라해진다.

조직의 리더라면 구성원이 보기에 좀 있어 보여야 한다. 구성원이 그 자리로 올라가고 싶은 마음이 들게 해주어야 한다. 누가 봐도 리더답게 보여야 한다. 조직에서는 직위가 주는 힘으로 현재는 그럴듯해 보일지 몰라도, 조직 밖으로 한 발짝만 나가면 처량하기 짝이 없는 신세가 되는 경우가 허다하다. 평생 조직에서 리더 역할을 수행할 수만 있다면 이런 고민이 필요 없겠지만 과연 이런 보장을 받고 사는 사람이 얼마나 있겠는가?

얼마 전 대기업의 임원으로 있다가 퇴직을 앞둔 지인으로부터 전화를 받았다. 그는 연말에 갑자기 회사로부터 계약 해지 통보를 받았다. 실적도 나쁘지 않고 대과도 없어 당연히 유임되리라는 그의 생각은 한순간에 깨지고 말았다. 순간 마음이 급해지기 시작했다. 그의 고민은 한마디로 "앞으로 뭐 하고 살지?"였다. 리더의 자리에서 밀려나는 순간부터 할 일이 없는 실업자 신세가 되고 만다. 구성원 앞에서 호령하던 위풍당당한 모습은 어디에서도 찾을 수 없었다.

높은 산의 정상에 올랐다고 생각했는데 벼랑에서 떨어지는 기분이 아마도 이런 것일 게다. 조직에서 리더의 지위는 양날의 칼과 같다. 한편으로는 성공의 척도일 수 있지만 다른 한편으로는 그 자리로 인해 삶의 다른 것을 놓치는 우를 범하기 쉽다.

## | 리더가 채워야 하는 다섯 가지 곳간 |

"곳간에서 인심 난다"는 말이 있다. 주변 사람들에게 인심을 베풀려면 먼저 나의 곳간이 채워져 있어야 한다는 말이다. 동시에 계속 비어져 가는 곳간을 채워 가는 노력을 소홀히 해서는 안 된다는 부가적인 의미도 있다. 리더의 자리는 지금까지 채워 놓은 곳간이 비워지게 되는 자리일 수 있다. 그렇기에 리더의 자리에 오르는 순간부터 앞으로 비워지게 될 곳간을 채우는 노력을 함께 해야 한다. 리더가 반드시 채워야 하는 다섯 가지 곳간이 있다.

첫 번째 곳간은 '전문성'이다. 과거에는 리더가 된다는 것은 실무에서 손을 뗀다는 것을 의미했다. 구성원에게 일을 시키고 점검하는 일이 리더의 주된 역할이었다. 팔을 걷어붙이고 직접 일을 하면 어딘가 리더십이 부족한 사람으로 평가받기도 했다. 그러나 오늘날은 다르다. 오늘날은 세상의 빠른 변화로 지식의 반감기가 점점 짧아지고 있다. 지식 반감기는 쉽게 말해 지식의 유효기간이다. 주장하는 사람마다 차이는 있지만, 오늘날 인류가 알고 있는 지식의 90퍼센트가 최근 30년 내 새롭게 나온 것이고 지식의 수명은 아무리 길게 따져도 4년을 넘지 않는다고 한다. 이런 관점에서 리더는 큰 딜레마를 안고 산다. 보다 효과적인 리더십을 발휘하기 위해 관리에 초점을 맞추는 순간부터 점점 전문성과 거리가 멀어진다.

최근 조직에서 일어나고 있는 묘한 현상 한 가지를 소개하면, 리더의 자리에 관심이 없는 사람들이 늘어나고 있다는 사실이다. 승진을 시켜준다고 해도 하지 않겠다고 한다. 리더의 자리가 힘들다는 사실을 아주 잘 알고 있기 때문이다. 특히 전문성으로 승부하고자 하는 사람들일수록 이러한 성향이 강하다. 관리 부담이 늘어나 자신의 전문 분야에 몰입하기 어렵다는 것이 가장 큰 이유다.

이와 같은 리더의 딜레마를 해결하기 위해 내가 제안하는 개념이 바로 플레잉 코치(Playing Coach)다. 플레잉 코치는 실무를 함께 수행하면서 조직을 이끄는 역할을 뜻한다. 이는 구성원이 해야 할 일을 리더가 떠맡아 하라는 말이 아니라 직원들과 함께 일하라는 뜻이다. 업무를 지시하고 진행 상황을 체크하고 결과를 평가하는 것은 전통적인 리더들이 많이 해온 역할이다. 하지만 이제 시대가 달라졌다.

조직이나 구성원이 원하는 방식도 아니고 그런 식으로 일하면 우선 직업 세계에서 본인의 수명이 짧아진다. 남다른 전문성으로 구성원이 해결하지 못하는 일들을 해결할 수 있어야 한다. 구성원과 같이 일하면서 서로 가르쳐주고 배워가면서 함께 성장할 수 있어야 한다. 전문 분야의 새로운 트렌드를 이해하고 앞서가기 위해 책도 많이 읽고 관련된 교육이나 세미나에 적극적으로 참여해야 한다. 조직에 필요한 지식을 외부에서 찾아 내부로 지속적으로 공급해야 한다.

두 번째 곳간은 '비전'이다. 조직의 리더들을 보면 마치 인생을 다 산 것처럼 행동하는 사람들이 많다. 뭔가 새로운 도전을 해볼 생각보다는 자신의 시대는 이미 저물었다고 생각하는 듯하다. 그저 회사에서의 정년을 어떻게든 늘려가는 것 외에는 별다른 인생 목표가 없어 보인다. 내가 처음 직장생활을 했을 때는 40~50대가 아주 많은 나이처럼 보였다. 중년이라는 이름이 아주 잘 어울려 보였다. 하지만 오늘날의 40~50대는 완전히 다르다. 과거에는 인간의 평균 수명이 70세였고 지금은 100세다. 호모 헌드레드 시대에서 나이 40~50대는 아직 수명의 절반에도 못 미치는 팔팔한 나이다. 그래서 오늘날의 40~60대를 제2의 청년기라 부른다. 어쩌면 인생의 비전이 가장 필요할 때가 지금 이 시점이다. 이제는 본격적으로 인생 후반전을 대비하여야 한다.

조직에서 승승장구하는 자신의 모습은 물론이고 비상 상황에서도 견딜 수 있는 미래에 대한 컨틴전시 플랜(우발적인 위기에 대처하기 위한 비상계획)이 필요하다. 앞으로 어떻게 살 것인가? 비전을 세우는 것이 어렵다면 지금까지 살아온 인생을 반추하여 세상을 위해 자신이 어떤 기여를 할 수 있을지 생각해보라. 이런 고민이 이전까지 없었다면 아이디어가 쉽게 떠오르지 않을 것이다. 지금부터 생각해봐야 한다.

세 번째 곳간은 '건강'이다. "한 사람이 있었다. 그는 사원 시절부터 정말 열심히 일했다. 그 결과 그는 리더로 승진했다. 리더로 승진하고 나서도 그는 계속 열심히 일했다. 회사는 그의 집이나 다름없었다. 계속되는 야근에다 스트레스와 피로감에 시달렸지만 이에 아랑곳하지 않고 보란 듯이 열심히 일했다. 그리고 암에 걸려 회사를 그만둘 수밖에 없었다."

이 이야기는 주변에서 흔히 발생하는 실화다. 경쟁 본위의 사회에서 현대인들은 역사상 유례가 없는 지독한 스트레스를 받으며 살아가고 있다. 특히 리더는 말할 것도 없다. 이런 상황에 처한 자신을 방치하면 틀림없이 건강 문제가 생긴다. 지금까지는 부모님이 물려준 체력으로 버텼다면 이제는 자신이 키운 체력으로 살아가야 한다. 지금까지는 머리로 버텼다면 이제부터는 몸으로 이겨내야 한다. 구성원 입장에서도 건강해 보이지 않는 리더와는 일하고 싶어 하지 않는다.

기업에서 CEO 자리에 오른 사람들에게 공통점이 있다면 그들은 체력적으로 건강하다는 점이다. 담배를 피우는 사원은 많아도 담배 피우는 CEO는 매우 드물다. 담배는 끊고 술자리는 줄이고 몸에 좋은 음식을 골라 먹어야 한다. 그리고 종목은 어떤 것이든 좋으니 운동을 열심히 하라.

네 번째 곳간은 '스타일'이다. 한 임원에게서 들은 이야기다. 그는 평상시 매우 깔끔하고 단정한 모습으로 유명한 사람이다. 그는 리더의 자리에 오르면서 염색을 하기 시작했다고 한다. 나이 들어 보이기 싫어서라고 했다. "리더라면 좀 나이가 있어 보이는 게 좋지 않을까요?"라고 묻자 그는 껄껄 웃으며 자신의 속마음을 이야기했다.

"그건 옛날 얘기고, 요즘은 나이 들어 보이면 잘려~."

사실 이는 정확히 맞는 말이다. 과거에는 나이가 들어 보이면 연륜이 있어 보였지만 이제는 회사생활이 얼마 남지 않은 '노땅'으로 보일 뿐이다. 나이가 들면 피부도 윤기를 잃고 머리칼은 하얘지고 몸은 구부정해지는 등 사람이 약해 보이기 쉽다. 그렇기 때문에 더욱 스타일 관리가 필요하다. 비만이라면 몸매 관리도 해야 한다. 세상에 가장 좋은 변화는 눈에 보이는 변화다. 조직에서 눈에 보이는 변화를 만들기가 얼마나 힘이 드는가? 세상에서 가장 쉬운 눈에 보이는 변화는 바로 용모의 변화다. 머리든 피부든 복장이든 신발이든 아무거나 가장 쉬운 것 하나를 정해 바꿔보자. 그러면 탄력을 받아 다른 용모의 변화도 자연스럽게 일어날 것이다. 그리고 당신이 변한 모습은 당신을 따르는 구성원에게도 긍정적인 영향을 준다.

나이가 들면서 자신도 모르게 많이 하게 되는 말 한마디가 있다. 그것은 "이 나이에…"다. 이 말로 시작하는 후반부의 말들은 변화의 발목을 잡는 부정적인 것들이다.

"이 나이에 그걸 배워서 뭐에 쓰려고? 배운다고 되는 것도 아니고."

"이 나이에 이런 걸 어떻게 입고 다녀?"

"이 나이에…"라는 말은 자괴감을 느끼게 하는 말이며 변화의 의지를 짓밟는 말이다. 인생에서 사용해서는 안 되는 위험한 말이자 금지어로 지정해야 한다. 이 말을 사용하게 되면 이상하게도 몸에서 힘이 '쑤욱' 빠진다. 나 역시 "이 나이에…"라는 말을 오랫동안 아주 많이 사용해왔다. 그런데 문득 깨달은 충격적인 사실은 이 말을 20대부터 습관적으로 사용하기 시작했다는 점이다. 30대 때에도 사용했고 미처 깨닫지 못했다면 죽을 때까지 이 말을 입에 달고 살았을 것이다. 혹시 당신은 언제부터 이 말을 쓰기 시작했는지 생각해보라. 변화의 용기가 없을 때 합리화 수단으로 나이를 핑계로 자신을 속이는 것이다. 스스로 늙어가는 길을 선택해서는 안 된다.

마지막으로 리더가 채워야 하는 곳간은 '직업윤리'다. 요즘 우리 사회에서 가장 중요한 화두 중의 하나가 윤리일 것이다. 과거에는 그냥 유야무야 넘어갔던 일도 이제는 절대 그러지 못한다. 제아무리 능력이 탁월하다 해도 윤리적인 문제에 저촉이 되면 그것으로 직업 세계에서의 경력은 끝이 난다. 온 세상이 하나로 연결되어 있다 보니 우리 사회가 너무나도 투명해져 이제 비밀이라는 것이 존재할 수 없다. 뭔가를 감추려 해도 감출 수가 없다. 리더의 언행은 일거수일투족이 구성원에 의해 관찰이 된다. 만약 윤리적으로 문제가 되는 행동을 한다면 삽시간에 SNS를 타고 회사 전체에 소문이 나 버릴 것이다. 심지어는 회사 밖으로 소문이 널리 널리 퍼져나가기도 한다. 전도유망했던 사람이 윤리적인 문제에 걸려 낙마하는 일들이 허다하지 않은가? 이게 내 일이 되지 말라는 법이 없다. 갑질, 성희롱, 돈 문제, 정보 유출 등 윤리적인 영역에서는 흠결이 있어서도 안 되고 작은 것이라도 타협이 있어선 안 된다. 윤리적으로 문제가 있는 리더만큼 초라하고 없어 보이는 사람이 없다. 구성원에게도 영이 서지 않으며 이런 리더를 따르는 구성원은 더 이상 이 세상에 존재하지 않는다. 설사 직속 상사가 시켜서 하는 일이라도 윤리적인 문제가 있거나 야기할 수 있다는 판단이 들면 무조건 거부하고 뿌리쳐야 한다. 직업윤리를 지키는 것은 함께 일하는 구성원의 본이 될 뿐만 아니라 자신의 안전을 위해서 아무리 강조해도 지나치지 않다.

처음 리더에게는 초심이 있다. 사람에게서의 초심은 그 어떤 때에 먹는 마음보다 강력하다. 변화를 선택하기에 이처럼 좋은 시점도 없다. 지금이 기회다. 과감하게 변화하자.

2장

조직 운영

# 근태 관리, 어떻게 할 것인가

" 늘 어려운 게 근태 관리입니다. 일일이 체크하자니 쪼잔해 보이고 자율에 맡기자니 엉망입니다. 늘 어딘가 아픈 직원, 늘 외근 중인 직원, 법인카드만 쓰고 딱히 하는 일은 없는 팀원, 휴가를 쓰고 휴가 결재를 늘 깜빡했다는 직원…. 들쭉날쭉한 근태 때문에 늘 성실한 팀원들이 피해를 봅니다. 자율과 통제, 어떻게 현명하고 엄격하게 관리할 수 있을까요? "

1990년대만 해도 일은 사무실에서 하는 것이었다. 한번 사무실에 출근하면 외부에 나갈 일이 별로 없었다. 1년에 5일 정도밖에 되지 않는 휴가도 눈치 보느라 다 쓰지 못했고 또한 다 쓰지 않는 것이 미덕이었다. 당시에는 회사에 늦게까지 남아서 일하는 것이 중요했다. 마치 구성원 간 늦게 퇴근하기 경쟁을 하는 듯한 느낌이 들 정도였다. 상사보다 일찍 퇴근하는 일은 매우 눈치 보이는 일이었다. 그렇게 해야 인정을 받았다. 그렇게 해야 조직에 충성하는 그리고 일을 열심히 하는 구성원으로 보였다. 이런 환경에서는 리더가 구성원의 근태를 굳이 챙길 필요가 없었다. 다 같이 정해진 시간 이상으로 사무실이라는 눈에 보이는 공간에 함께 머물러 있었기 때문이다.

하지만 이제 시대가 바뀌었다. 인간의 창의성이 무엇보다 중시되는 오늘날의 경영 환경에서는 다양성이 핵심 자원이다. 여기저기 돌아다니며 새로운 것을 보고 경험하고, 새로운 사람을 만나고, 고객이 존재하는 현장에서 고객의 의견을 듣고 관찰하는 일이 무엇보다 중요해졌다. 그리고 이러한 환경의 변화는 일하는 시간과 공간에 대한 개념을 크게 바꿔 놓았다. 정보통신기술의 발달로 한 개인이 처리할 수 있는 일의 범위가 점점 커지고 있고 커뮤니케이션은 온라인을 넘어 모바일이 대세가 되었다. 업종에 따라 차이는 있겠지만 이제 구성원이 과거처럼 굳이 한자리에 모여 일할 이유도 없다. 상황이 이렇다 보니 이제 근무 시간도 유연해지고 근무 공간도 다채로워지고 있다.

"아침에 ○○씨를 만나 업무 협의를 하고 점심 무렵에 사무실에 도착하겠습니다."

"시내 카페에서 고객 상담을 하고 퇴근하겠습니다."

"사외 컨퍼런스에 참여해서 새로운 트렌드를 조사하겠습니다."

과거에는 영업 조직에서나 가능했던 근무 방식이 이제는 분야에 상관없이 가능해졌다. 더구나 과거보다 구성원의 휴가일수와 휴가의 종류도 많이 늘어났다. 그리고 이러한 추세는 종종 리더의 불안감을 초래한다.

## | 외부 일정을 미리 공유하라 |

"사무실에 사람이 없어요. 누구는 출장, 누구는 교육, 누구는 예비군 훈련, 누구는 회의, 누구는 외근, 누구는 연차 휴가…. 그나마 출근한 직원들도 도대체 어디서 무슨 일을 하고 있는지 알 수가 없습니다."

한 팀장의 푸념이다. 가뜩이나 실적에 쪼이는 상황에서 일해야 하는 팀원들이 눈에 보이지 않으니 가슴이 답답하기만 할 것이다. 바빠 죽겠는데 전화 한 통으로 해결할 수 있는 일을 팀원이 굳이 만나러 외근을 나가야 한다고 하면 이를 허락해줘야 할지 말아야 할지 알수가 없다. 컨퍼런스나 교육에 참여하겠다고 하면 꼭 필요한 것인지 아닌지 판단하기가 어렵다.

근태를 팀원에게 자율적으로 맡기자니 통제가 안 되는 것 같고, 하나하나 챙기자니 리더로서 할 일이 아니라는 느낌이다. 팀원들이 일한 만큼 성과가 나는 것이기에 근태와 관련하여 팀장의 고민은 깊어질 수밖에 없다.

먼저 근태와 관련하여 고민하는 팀장이 명심해야 할 것은 팀원들을 의심하지 말라는 점이다. 한번 의심하기 시작하면 미주알고주알 잔소리가 많아져 다른 일을 하지 못한다. 팀원이 한두 명이 아니지 않은가? 또한 이와 같은 가장 기본적인 일에서 불신이 형성되면 대사를 함께 도모할 수 없다.

근태와 관련해서 정 고민이 된다면 팀원들과 함께 근태와 관련된 그라운드 룰을 함께 정해보는 시간을 갖는 것이 좋다. 그리고 그것을 함께 잘 실천할 것을 약속하는 것이다. 이렇게 그라운드 룰을 통해 약속하는 과정을 거치면 팀원들은 이를 자발적으로 실천할 것이다. 혹시 어떤 이유로 이를 어기는 경우가 있다면 스스로 그것을 자신의 문제나 실수로 받아들일 것이다.

팀원의 불필요한 외근이나 출장이 많다는 생각이 들면 팀원에게 외근이나 출장의 목적에 대한 보다 자세한 정보를 요청하라. 그러면 이후에는 팀원 스스로 조절하게 될 것이다. 때로는 아무리 생각해봐도 불필요한 외근이라 할지라도 한 번쯤 눈감아주면 어떨까? "이거 딱 보니까 놀러 가는 건데?"라고 말하며 기꺼이 허락해줄 수 있는 배포도 있어야 한다. 팀원 입장에서는 미안함과 감사한 마음을 갖게 된다. 이렇게 바람 한번 쐬고 나면 기운을 내서 일을 더 잘할 수 있을 것이다. 당신도 팀원 시절 그러지 않았는가?

팀장은 팀원들의 시간이 아니라 팀원 각각이 해야 하는 일들을 관리해야 한다. 마감 시한이 정해져 있고 우선순위가 높은 중요한 일이 있으면 불필요하게 시간을 허비하는 사람은 없다. 또한 팀원들의 근태와 관련하여 진짜 알고 싶은 것이 무엇인지를 다시 생각해보라. 당신의 관심사는 팀원들이 근태를 잘 지키고 있는지 아닌지가 아니다. 당신은 팀원 개개인이 어디서 어떤 일을 하고 있는지를 알고 싶은 것이다.

물론 일하다 보면 즉흥적으로 발생하는 일도 있지만 조직에서 하는 일들은 대체로 사전 계획에 의해 진행이 되기 마련이다. 팀원 개개인의 일정 역시 사전 계획에 근거하여 진행되어야 하고 그럴 수밖에 없다. 따라서 사전에 계획된 일정을 팀 내부적으로 공유하는 것만으로도 당신은 근태와 관련된 불필요한 고민을 하지 않아도 된다. 주간 회의 시간에 저마다의 일정을 공유하는 방법도 있고 웹에서 팀원 전체 일정을 한눈에 볼 수 있게 해주는 소프트웨어를 활용할 수도 있다. 사무실 한쪽 면에 캘린더 화이트보드를 걸어놓고 팀원들이 저마다 자신의 출장, 외근, 휴가 등의 정보를 기입할 수 있도록 하는 방법도 있다. 종종 팀원 개개인과 출장이나 외근 시 수행했던 일에 대해 물어보고 듣는 것도 필요하다. 당신이 팀원 개개인의 수행 업무에 대해 관심을 보이고 유지하는 한 불성실한 근태와 같은 문제는 발생하지 않을 것이다.

# 조직은 룰이 반이다

> " 구관이 명관이라는 말이 있습니다. 바로 우리 팀장님에 관한 이야기
> 입니다. 예전 팀장님이 훨씬 좋았어요. 팀장이 바뀐 후 팀원들이 너무
> 힘들어졌거든요. 팀장이 어떤 생각을 하고 있는지 몰라 눈치를 보게
> 됩니다. 작은 일 하나 처리하는데도 팀장에게 일일이 물어보고 해야
> 합니다. 우리 팀장님 좀 어떻게 좀 해주세요! "

    조직의 리더가 바뀌게 되면 구성원은 자연스레 그가 어떤 사람인지 촉각을 곤두세우게 된다. 리더의 성향을 알게 되면 그것에 맞춰 행동할 수 있기 때문이다. 그렇기 때문에 조직의 리더가 바뀐다는 것 자체가 구성원에게는 스트레스를 주는 요인이 될 수 있다. 리더에 맞춰 자신들이 일하는 방식이나 행동 등을 바꿔야 하는 부담이 생기기 때문이다.

    모든 조직은 리더가 바뀌게 되면 필연적으로 혼란기를 겪을 수밖에 없다. 혼란기는 조직심리학자 브루스 터크만이 제시한 조직 발달

4단계(형성기-혼란기-규범기-성취기) 가운데 2단계에 해당하며, 이때는 조직이 효과적으로 기능하는 정도를 뜻하는 효과성과 성과가 바닥을 치는 단계다. 팀원들은 팀장의 눈치를 보고 이제 막 온 팀장은 뭘 어떻게 해야 할지 모른다. 혼란기에는 시행착오나 갈등이 많이 발생할 수밖에 없다. 그리고 이를 극복하는 방법은 바로 소통이다. 보다 잦은 소통을 통해 서로를 이해하고 생각의 차이를 좁히려는 노력을 해야 한다.

리더가 교체되는 시점에서 조직은 혼란기를 필연적으로 겪게 된다. 그런데 여기서 발생하는 혼란에 어떻게 대처하느냐에 따라 리더의 수준을 알 수 있다. 훌륭한 리더는 혼란기의 기간을 최소화하고 팀을 바로 정상 궤도로 올려놓는다. 하지만 그렇지 않은 리더는 오히려 팀의 혼란을 더욱 부채질하기도 한다. 팀에 혼란을 조장하는 팀장은 크게 두 가지 유형이다.

첫째는 점령군 스타일이다. 점령군 스타일의 팀장은 기존에 팀이 해왔던 모든 것을 부정한다. 소위 수류탄 하나 까서 던져놓고 들어오는 양상이다. 팀이 지금까지 이뤄온 일이나 성과를 인정하지 않고 자신의 이름으로 처음부터 끝까지 모조리 바꾸고 싶어 한다. 혁신이란 거창한 이름을 걸고 기존에 해온 일과 성과를 단죄한다. 이런 상황에서 팀원들은 점령군에 의해 사로잡힌 포로와 같은 심정이다. 새로운 팀장의 눈에는 모든 것이 문제투성이로 보이니, 그 일을 그때까지 그 지경으로 해온 팀원들은 일을 잘못 해온 대역죄인이 아니고 무엇이겠는가? 이런 상황에서는 팀이 온통 뒤죽박죽에 시행착오를 겪을 수밖에 없다. 혼란기가 언제 끝날지 알 수 없는 것이다.

둘째는 크렘린 스타일이다. 이는 미국이 옛 소련 정치 지도층을 지칭할 때 쓰던 말로, 속을 알 수 없고 지나치게 폐쇄적이며 비밀이 많은 스타일을 뜻한다. 크렘린 스타일의 팀장은 자신의 스타일이나 생각을 먼저 노출하지 않는다. 그리고 팀원들이 일하는 모습이나 일이 진행되는 상황을 가만히 지켜본다. 그러고는 어느 순간 자신의 존재감을 드러내기라도 하는 듯 느닷없이 하나하나 지적하며 팀원의 뒤통수를 친다.

"보고서를 왜 이런 식으로 작성하지?"

"출근 시간이 왜 이렇게 제각각이지?"

"업무 분장이 왜 이렇게 체계적이지 못하지?"

이런 이야기를 듣다 보면 팀원들은 우리 팀장이 아니라 마치 다른 팀의 팀장을 모시고 있는 것 같은 느낌을 갖게 된다. 일을 하는 건지 감시를 받는 건지 헷갈릴 정도다. 팀에서 내부 소통이나 일 처리 프로세스나 방법 등은 사전에 팀 차원에서 조율되어 정해진 것을 팀원들이 다 함께 따르는 것이 정석이다. 그런데 이런 조율 과정 없이 어느 날 그동안 아무런 문제가 없었던 것에 지적을 당한다면 뒤통수를 맞았다는 찜찜하고 지저분한 느낌을 지울 수 없다.

팀원들은 팀장에게 어떻게 당할지 모르는 상황이니 결국 팀장의 눈치를 볼 수밖에 없게 된다. 중요한 일과 성과에 주의를 기울이기보다 팀장의 기분에 주의를 기울여야 하는 상황이 되고 만다. 업무의 품질에 상관없이 기분에 따라 트집만 잡힌다는 생각에 조직의 건강한 팀 분위기는 사라지고 꼼수와 처세만 늘게 된다.

## ｜ 팀의 다양한 루틴에 대한 명확한 지침을 정해 공유하라 ｜

팀장이 팀에 새롭게 부임해 가장 신경 써야 하는 것은 자신으로 인해 발생하는 팀의 혼란기를 최소화시키는 것이다. 이를 위해 두 가지 사항을 제안한다.

첫째, 문제점보다는 팀이 가진 강점을 먼저 보아야 한다. 처음 리더로 승진하면 의욕이 불끈 솟아오를 것이다. 무엇이든 할 수 있을 것 같고 본격적으로 실력 발휘를 해보고 싶은 마음이 굴뚝같을 것이다. 세상에 없는 뭔가 멋진 작품을 만들어보고 싶을 것이다. 하지만 이럴수록 주의를 기울여야 한다.

팀장의 의욕이 과도하면 모든 것이 혁신해야 하는 문제투성이로만 보일 수 있다. 먼저 보아야 하는 것은 문제가 아니라 기존의 팀이 가지고 있는 강점이다. 이 팀이 어떤 일을 어떤 식으로 잘해왔는지를 살펴야 한다. 그래야만 그것을 계속 계승·발전시킬 수가 있다. 팀원의 입장에서 보면 새로 온 팀장이 기존에 해왔던 일을 칭찬하고 인정해주는 것만큼 기분 좋은 일이 없다. 해왔던 일에 대한 자부심이나 의욕이 높은 팀원들은 더욱 그럴 것이다. 이것을 알면 팀의 출발점이 달라진다.

둘째, 이른 시일 내 팀의 모든 루틴에 대한 세부 지침을 가이드 형태로 정하고 공유해야 한다. 어느 조직이나 루틴하게 일어나는 일들이 있다. 팀의 성과와 관련된 과업들은 변화무쌍하게 바뀔 수 있지만 팀의 운영 방식만큼은 안정적으로 이뤄져야 한다.

팀에서 발생하는 생각의 차이나 혼란을 분석해보면 대부분 거창하고 중요한 일이 아니라 무시해도 될 정도의 사소한 일에서 일어난다. 예를 들어 고객과 만나기로 한 시간과 팀 회의 시간이 겹친다면 무엇에 우선순위를 두어야 할까? 외부 미팅 중 예정에 없던 회식에 무조건 참석하라는 연락을 받으면 어떻게 해야 할까? 인접 부서에서 업무 협조 요청이 들어왔을 때 이것을 도와주어야 할까 말아야 할까? 휴가는 연차까지 붙여서 한꺼번에 써도 될까 아니면 나눠 써야 할까? 보고서를 써야 하는데 파워포인트로 작성할까 아니면 워드로 원 페이지로 작성할까?

사소한 일이라고 해서 그냥 무시할 것이 아니다. 이런 일들이 지속해서 반복된다고 생각해보라. 큰일에 대해서는 그러려니 할 수 있지만 좁쌀만큼 작은 일에 반복된 스트레스를 느끼면 조직에 오만 정이 다 떨어진다.

나는 팀에서 일상적으로 일어나는 루틴을 쥐락펴락하며 자신의 영향력을 과시하려는 팀장을 많이 보아왔다. 예를 들면 다음과 같다. 팀원의 일정은 아랑곳하지 않고 계획 없이 내키는 대로 회의를 소집하여 출석 체크를 한다. 예고 없이 팀 회식을 잡아놓고 2차, 3차까지의 참석 여부로 팀원들의 충성도를 체크한다. 팀 경비 몇만 원도 자신의 허락 없이 사용하지 못하게 한다. 퇴근 시간이 되었는데도 괜스레 팀원들이 퇴근을 해도 되는지 아닌지를 눈치 보게 만든다. 꼭 참석해야 하는 외부 교육이나 세미나가 있는데 말을 꺼냈다가는 혼쭐이 날 것 같은 분위기를 풍긴다. 심지어는 고객과 급하게 잡힌 미팅도 사전 허락 없이는 못 가게 한다. 회사에서는 휴가를 장려하는데 팀장은 정작 휴가에 대해 한마디도 꺼내지 않아 휴가를 갈 때마다 눈치 보게 만든다.

팀장은 팀원들이 이러한 사소한 일들로 갈팡질팡하거나 마음이 상하는 일을 만들어서는 안 된다. 더구나 이런 사소한 일에 신경 쓰느라 진짜 해야 할 일에 집중하지 못하게 되는 일은 더욱 없도록 해 주어야 한다.

'팀의 일반적인 루틴 10가지에 대한 질문'은 많은 팀에 공통적으로 적용될 수 있는 루틴한 일들과 각각의 루틴한 일들에 대해 팀장과 팀원의 합의를 통해 답해야 하는 질문을 담고 있다. 이 외에도 팀의 특성에 따라 여러 루틴한 일들이 있을 것이다. 팀은 이와 같은 루틴한 일들에 대해 모두가 알고 있는 공유된 답을 가지고 있어야 한다. 그래서 이와 같은 일들이 발생했을 때 팀원들이 이견 없이 그리고 혼란 없이 착착 움직일 수 있는 팀을 만들어야 한다. 이렇게 루틴한 일들에 대한 혼란이 없을 때 팀원들이 진짜 해야 할 일에 보다 집중할 수 있다.

| 팀의 일반적인 루틴 10가지에 대한 질문 |

| 종류 | 내용 |
|---|---|
| 의사결정 권한 | • 업무 수행 시 팀원이 독자적인 의사결정을 할 수 있는 일의 종류와 범위는? |
| 예산 사용 권한 | • 팀원 스스로의 판단으로 지출할 수 있는 예산 범위는?<br>• 회사의 예산이 절대 사용되어서는 안 되는 항목은? |
| 보고 방식 및 절차 | • 공식 대면 보고가 필요한 상황은?<br>• 팀에서 작성하는 보고서의 형식과 분량, 작성 방식은?<br>• 팀 내 비공식적이고 일상적인 보고는 어떤 형식이 좋은가?<br>  (구두, 전화, 이메일, 문자 등) |
| 회의 방식 | • 팀 회의별 운영 방식은? (진행 주기, 장소, 소요 시간, 진행 방법 등)<br>• 팀 비즈니스에 가장 적합한 회의 방식은?<br>• 회의 준비자와 참가자의 회의 참가 전 준비 사항은? |
| 협업 절차 | • 타 팀과 자주 발생하는 협업 이슈와 이슈별 해결 방안은?<br>• 다른 팀원의 도움이 필요한 상황에서 도움을 받을 수 있는 절차와 방법은?<br>• 휴가나 출장 등으로 공석이 발생할 때 대무 절차와 방법은? |
| 팀원 육성 | • 팀원 개개인에게 지원하는 교육 및 세미나 참가 경비와 횟수는?<br>• 팀원 역량 강화를 위해 팀 차원에서 추진하는 활동은? |
| 보상 및 평가 | • 우수 팀원의 선정 방법 및 포상 방법은?<br>• 우리 팀에서 일 잘하는 사람의 행동 특성은?<br>• 팀원의 성과 평가 지표는? |
| 근무 형태 | • 사무실 내 자리 배치 및 조정 원칙은?<br>• 외근이나 출장이 필요할 때의 내부 승인 절차는? |
| 휴가 사용 | • 팀원들이 사용할 수 있는 휴가 일수는?<br>• 팀원들의 휴가 사용에 대한 팀장의 입장은? |
| 출퇴근 시간 | • 팀원들의 출퇴근 시간과 근태에 관한 팀 내부 약속은? |

# 리더십 보다 관리가 우선하는 일들

> 팀장이 되고 나서 가장 달라진 것 한 가지는 팀에서 발생하는 모든 일을 알고 있어야 한다는 점입니다. 위의 본부장이나 임원이 수시로 전화를 걸어 뭘 물어보는데 버벅거릴 때가 많습니다. '팀장이 그런 것도 안 챙기고 뭐하냐?'라고 하면서 핀잔을 받을 때면 얼굴이 화끈거립니다. 그래서 늘 뭔가 놓치고 있는 것 같은 느낌이 듭니다. 나도 모르는 곳에서 문제가 빵 터질 것 같은 불안감도 듭니다. 팀장으로서 내가 절대 놓쳐서는 안 되는 일이 있다면 그것은 무엇일까요?

팀장이 되면 갑자기 할 일이 많아진다. 팀을 책임지고 대표하는 과정에서 발생하는 일들이다. 이런 일들은 이전에 해오던 것이 아니기 때문에 처음에는 뭐가 뭔지 하나도 모를 정도로 정신이 없다. 너무 정신이 없는 나머지 한편으로는 뭔가 안 좋은 일이 생기지나 않을까 걱정이 되고 불안에 휩싸인다. 이러한 걱정과 불안을 해소하기 위해서는 무엇보다 절대 놓쳐서는 안 되는 것이 뭔지 알고 먼저 챙기는 것이 중요하다. 팀 경영에서 면밀하고 일상적인 관리가 필요한 일을 놓쳐서는 안 된다. 팀장이 일상적으로 관리해야 할 일을 하나씩 알아보자.

## | 발등에 떨어진 불, 성과 커뮤니케이션 |

팀은 성과 창출의 최소 단위다. 이에 따라 팀장은 팀 전체에서 발생하는 성과를 제대로 파악하여 이를 경영진과 지속적으로 커뮤니케이션할 책임이 있다. 다른 것이라면 몰라도 팀 성과 관련 내용에 대해 팀장이 이해가 부족하거나 버벅거리면 자칫 팀장의 자질을 의심받을 수 있다.

회사마다 성과 커뮤니케이션의 방법이나 주기는 다르겠지만 팀장이 되면 참석해야 하는 회의가 많아진다. 주례회의, 월례회의 등 정례적인 회의부터 수시로 발생하는 경영 이슈에 대한 대책 회의 등 여기저기서 불러대는 통에 정신이 없을 정도다. 또한 모든 회의는 문서를 수반한다. 팀장이 직접 작성해야 하는 것부터 팀원들이 쏟아내는 문서 하나하나에 신경을 써야 한다. 편의상 조직에서 성과와 관련하여 이뤄지는 모든 회의나 보고를 성과 커뮤니케이션이라고 칭하기로 한다.

성과 커뮤니케이션은 팀의 성과 수준에 따라 긴장감의 수준이 달라진다. 팀 성과에 대해 이야기하는 미팅이 있을 때 성과가 좋으면 이런 자리는 많을수록 좋으며 참여할 때마다 기분이 좋아질 것이다. 반대로 성과가 나쁘다면 도살장에 끌려들어가는 느낌과 다르지 않을 것이다. 성과 커뮤니케이션은 현재 조직이 처한 상황과 현재 수준에 대한 명확한 이해와 향후 계획에 대한 합의를 목적으로 한다. 따라서 겉으로 보기엔 한없이 복잡하고 정신 없어 보이는 모든 성과 커뮤니케이션도 뜯어보면 사실상 다음 네 가지 단순한 내용으로 구성되어 있다.

- 목표 수준
- 현재 수준
- 목표 수준과 현재 수준의 차이와 그 원인
- 차이를 줄이기 위한 향후 계획

각종 회의에 참석할 때나 성과와 관련한 문서를 작성할 때, 이야기를 해야 하는 상황이라면 팀장은 이 네 가지 사항만 염두에 두고 있으면 된다. 상사나 회사가 관심이 있는 것도 이 네 가지 외에 다른 것은 없다. 그리고 이 네 가지 사항을 명확히 알고 있다는 것은 팀장이 팀이 수행하는 모든 과업에 대해 정확한 이해를 하고 있다는 것과도 같다. 팀원들과 성과 커뮤니케이션을 할 때도 이 네 가지에 초점을 맞춰 대화를 나누면 유익할 것이다.

팀원과의 성과 커뮤니케이션에 대한 보다 자세한 내용은 이 책의 5장 중 '원온원 미팅으로 두 마리 토끼 잡기'에서 다루겠다.

## | 복잡하고 부담스러운 재무적 책임

기업의 투명성 및 윤리경영에 대한 사회적 요구가 커지고 있고 기업 내부에서도 재무 및 회계 처리와 관련한 내부 통제 규정이 점차 강화되는 추세다. 일을 통해 성과를 창출하는 것도 중요하지만 팀장은 내부 통제의 최소 단위인 팀을 관리하는 책임자로서 재무·회계에 대한 관리 책임을 성실히 수행해야 한다. 회사마다 팀장이 관리하는 재무·회계 책임 영역이 다를 수 있지만 대표적으로 통용되는 다음 네 가지 영역을 소개한다.

첫째, 전표 관리다. 팀에서 발생하는 모든 전표는 팀장이 직접 확인하여 팀의 예산이 낭비 없이 그리고 내부 규정에 따라 적합하게 사용되고 있는지 관리해야 한다. 팀에서 주로 사용하는 계정과목이 어떤 것인지도 잘 알고 있어야 한다. 특히 법인카드 사용에 대한 관리도 철저히 해야 한다. 종종 회사 경비의 사적 사용 등의 사고가 발생하는 경우가 있는데 대부분 관리책임자인 팀장이 전표 관리를 소홀히 한 결과다.

전표 관리는 기본이 중요하다. 전표를 결재할 때 궁금한 점이 있으면 바로바로 팀원에게 사용처와 목적을 물어 확인해야 한다. 그래서 팀원에게 팀장이 전표 관리를 꼼꼼히 하고 있다는 인상을 주어야 한다. 이것은 사람을 믿고 안 믿고 차원의 이야기가 아니다. 관리가 부족한 곳에서 항상 사고가 발생하기 때문이다. 혹시라도 있을 수 있는 문제를 예방하자는 것이다. 돈과 관련된 사고가 발생하면 제아무리 유능한 팀장이라도 책임을 면할 길이 없다. 연초가 되면 비용 사용에 관한 회의를 주재하여 한도와 사용 목적을 팀원과 명확히 공유해야 한다.

둘째, 예산 관리와 결산 마감이다. 팀의 지출은 철저히 예산 범위 내에서 운영해야 하므로 사업 집행 시 사전에 예산의 유무를 확인해야 한다. 그리고 월 결산 시점에서는 팀의 예산 집행 실적을 점검하여 예산이 효과적으로 활용되었는지 확인해야 한다. 월 결산 마감 시점 내에 팀에서 발행하거나 수수하는 모든 세금계산서가 누락 없이 처리가 완료되었는지도 확인해야 한다.

셋째, 미수 채권 관리다. 팀에 회수 책임이 있는 미수 채권을 지속적으로 점검해야 한다. 그리고 회수 노력을 통해서 미수 채권을 최소화하여야 한다. 회사의 수익은 매출 발생 시점이 아니라 채권의 회수 시점에서 이루어지기 때문이다. 미수 채권과 관련하여 알아두어야 할 용어는 다음을 참고하길 바란다.

| 미수 채권 관련 알아야 할 용어 |

| 구분 | 내용 |
|---|---|
| 매출 채권 | 일반 상거래로서 재화나 용역을 외상으로 판매하여 회수해야 할 채권 |
| 대손충당금 | 대차대조표상에 채권의 회수 가능 가액을 적절히 표시하기 위하여 추정에 의해 설정하는 계정과목 |
| 가수금 | 실제 현금 수입은 있었지만 거래의 내용이 불분명하거나 거래가 완전히 종결되지 않아 계정과목이나 금액이 미확인인 임시 채무계정 |

넷째, 미결 관리다. 미결 관리는 수익·비용, 자산·부채의 귀속이 불분명한 거래를 정산하여 본래의 계정으로 대체하는 것을 말한다. 미결 계정이 남아 있으면 회사의 실제 현금 흐름이 결산에 정확히 반영되지 못하는 문제가 발생한다. 미결 계정은 크게 다음 네 가지 항목이 있다.

| 미결 계정 관련 알아야 할 용어 |

| 구분 | 내용 |
| --- | --- |
| 가지급금 | 실제 현금의 지출은 있었지만 거래의 내용이 불명확하거나 거래가 완전히 종결되지 않아 계정과목이나 금액이 미확정인 임시 채권계정 |
| 선급금 | 거래처에 재화나 용역의 매입을 위하여 먼저 지급한 금액으로 재화나 용역을 공급받은 후 비용(자산)으로 대체될 계정 |
| 선수금 | 재화·용역의 공급 전에 그 대가의 일부 또는 전부를 수취한 금액으로 재화나 용역 공급 후 채권과 상계하여야 하는 계정 |

## | 공든 탑을 무너뜨릴 수 있는 조직 윤리 |

팀장은 팀을 윤리적으로 건강한 상태로 유지할 책임을 져야 한다. 제아무리 높은 성과를 창출한다 한들 사회적 통념이나 윤리 기준에 벗어나는 것이라면 결코 떳떳할 수 없다. 특히 오늘날은 기업의 사회적 책임이 날로 강조되고 있고 SNS의 발달로 세상의 모든 이슈가 실시간으로 공유되고 확산되는 시대다.

최근 들어 윤리에 벗어난 기업 활동은 순간의 이익은 있을지 몰라도 오히려 기업을 한순간에 존망의 위기에 빠뜨리는 사례가 부쩍 늘어나고 있음을 주지해야 한다. 윤리 경영과 관련하여 팀장이 가장 조심해야 하는 것은 관행이다. "지금까지 늘 그렇게 해왔으니까…"와 같이 과거에 해온 비윤리적인 행위가 관행이라는 이름으로 합리화되는 경향이 종종 있기 때문이다. 문제의식 없이 무심코 넘겨왔던 관행들을 면밀히 살펴볼 필요가 있다. 윤리 측면에서 팀장이 항상 신경 써야 하는 키워드는 다음의 네 가지다.

윤리 측면에서 항상 신경 써야 하는 키워드

- 금전
- 성 윤리
- 갑질
- 정보 보안

조직에서 자주 발생하는 비윤리적인 사례의 내용을 좀 더 구체적으로 보면 다음과 같다.

- **거래처로부터 금품 및 향응 수수:** 금전 리베이트 제공, 금전·주식·향응 수수 등
- **거래처에 부당한 요구:** 강요나 협박식의 밀어내기 판매, 협찬이나 행사 참여 요구, 거래처 인력의 부당 활용 및 동원, 금전 거래 요구, 개인 비용 전

가 등

- **이해 상충 거래:** 친인척 거래, 위장업체 운영, 거래처의 지분 소유, 겸업·
  겸직, 거래처와의 개인적 금전 대차·공동 투자·대출 보증 등
- **회사 자산의 사적 유용:** 공금 횡령, 법인카드 남용, 회사 자산·비품 유용,
  부서 비용 편법 사용 등
- **내부 정보 유출·유용:** 고객 정보 유출·유용, 경영 정보 유출, 업무상 취득
  비밀을 이용한 사적 편취 등
- **거래처의 비윤리 행위:** 공급가의 담합, 입찰가의 사전 유출, 고의 부도 및
  미납 등

팀장은 이와 같은 조직 내 발생할 수 있는 비윤리적인 행위의 유형
을 미리 알아야 한다. 그리고 이런 행위가 팀 내에서 절대 발붙이지
못하도록 해야 한다.

## | 모두를 피해자로 만드는 안전사고

안전사고는 다음과 같이 정의한다.

> 위험이 발생할 수 있는 장소에서 안전 교육의 미비, 안전 수칙 위반, 부주
> 의 등으로 발생하는 사람 또는 재산에 피해를 주는 사고.

안전사고는 한마디로 신경을 쓰면 생기지 않는 사고의 유형을 뜻한다. 어떤 일이 있어도 안전사고가 발생해서는 안 된다. 사람이 다치거나 죽는 일만큼 비극적인 일이 없다. 안전사고는 모두를 피해자로 만들어버린다. 동시에 모두를 죄책감을 느끼게 되는 가해자로 만든다.

사고는 항상 예측하기 어려운 상황에서 발생하므로 팀장은 팀에서 일어나는 모든 일에 대해 안전사고의 가능성을 체크해보아야 한다. 특히 조직이 화학물질 등 위험한 물질을 취급하거나 사람이 다칠 수 있는 위험한 장소나 환경이라면 다른 어떤 것보다도 안전을 최우선 과제로 놓고 관리해야 한다. 늘 위험이 발생할 수 있는 모든 시설이나 상황 등을 체크리스트로 관리하며 살펴야 한다. 안전사고와 관련해서는 설마 하는 안일한 사고와 행동이 가장 위험하다. 업무 환경이 안전사고와는 관련이 없는 곳이라 할지라도 팀장은 늘 안전사고의 위험이 없는지를 체크해야 한다.

내가 자주 방문하는 회사는 회사 곳곳에 '보행 중 휴대폰 사용 금지', '입수 보행 금지' 등의 푯말이 붙어 있다. 안전사고가 일어날 수 있는 모든 상황을 염두에 두고 이를 해소할 수 있는 핵심적인 행동을 약속으로 정하고 구성원들이 모두 실천하게 하는 것이다. 매우 바람직한 접근이다. 하다못해 팀원들과 함께 회식을 가거나 회사 외부에서 워크숍을 하는 경우에도 안전사고의 가능성이 있는지를 확인해야 한다. 안전사고는 사전에 예고하지 않는다.

# 회의를 보면 팀 수준이 보인다

" 팀장이 되니 회의 진행이 어렵습니다. 전체 팀원들이 제 얼굴을 쳐다보고 있는 것도 너무 어색하고요. 팀장으로서 회의 진행은 어떻게 하는 것이 좋은가요? "

회의는 조직에서 가장 중요한 활동 중의 하나다. 나는 한 조직의 조직 문화를 판단할 때 가장 먼저 확인하는 것이 그 조직의 회의 장면이다. 회의의 모습을 한 시간 정도만 관찰해보면 그 조직의 대부분을 파악할 수 있다. 한 조직의 회의 장면에서 확인할 수 있는 것들은 다음과 같다.

조직의 회의 장면을 통해 확인할 수 있는 것들
- 상하 간 신뢰 및 거리감 수준
- 구성원 간 친밀도 및 상호 협력 수준
- 조직의 문제 해결 및 창의력 수준

- 조직의 업무 실행력 수준
- 조직 운영의 효율성 수준
- 구성원 개개인의 열정 수준

　내용을 보면 알겠지만 조직의 모든 것이라 해도 과언이 아니다. 그만큼 회의는 조직에서 가장 중요한 활동이다. 만약 당신이 팀장으로서 팀 문화를 바꾸고자 하는 마음이 있다면 가장 먼저 손을 봐야 할 것으로 '회의의 생산성 향상' 항목을 추천한다. 하지만 우리가 기존에 조직 생활에서 경험했던 회의는 그리 생산적인 모습이 아니었다. 회의의 주제가 명확하지 않은 경우도 많고 꼭 필요한 회의가 아니라 일단 모이고 보는 회의가 많았다. 사전에 철저한 계획에 따른 회의가 아니었기에 걸핏하면 회의가 소집됐고 한번 시작했다 하면 언제 끝날지도 몰랐다. 회의에 참석하느라 하루 시간을 다 보내버리는 일들도 허다했다.

　팀장인 당신은 과거의 이러한 관행을 끝내고 회의 생산성을 높이는 방법을 강구해야 한다. 이 책은 회의만을 다루는 책이 아니므로 회의법에 관한 전문 서적을 찾아 필요한 학습을 하길 바란다. 다만 이 책에서는 팀에서 수행하는 회의의 종류와 목적, 그리고 팀장으로서 회의할 때 꼭 지켜야 하는 행동 수칙을 제시하고자 한다.

　먼저 일반적인 조직에서 가질 수 있는 회의의 유형과 그것의 목적 및 방법을 정리하면 다음의 표와 같다.

| 팀 조직에 필요한 회의의 유형 |

| 구분 | 목적 | 방법 | 주기 |
|---|---|---|---|
| **일일 회의** | 정보 교환 | • 매일 한 번씩 모여 10분 이내로 했던 일이나 수행할 일에 대해 가볍게 이야기한다.<br>(필요하지 않으면 생략 가능) | 매일 |
| **주간 정기 회의** | 수시 난제 해결 | • 팀원이나 팀 내 파트에서 수행하는 최우선 과제 가운데 주요 안건을 정해 토론하고 실행 아이디어를 찾는다. | 주 1회 |
| **심층 토론 회의** | 핵심 문제나 이슈 해결 | • 팀 차원에서 해결해야 할 핵심 문제나 이슈 해결을 위한 심층 토론을 한다. | 월 1회 |
| **사외 리뷰 회의** | 팀의 방향 설정 및 점검 | • 일상적으로 해왔던 일들과 한 발짝 떨어져 팀의 방향(팀의 미션, 핵심 가치, 경영 목표 등)을 살피고 점검한다.<br>• 팀의 방향과 관련된 주요 어젠다를 설정하고 이에 관한 논의를 통해 팀이 함께 실천해야 할 약속을 정한다. | 분기 1회 |

상기 회의 유형은 모든 팀이 예외 없이 따라야 하는 것은 아니다. 팀의 특성이나 처한 상황에 따라 유형, 목적, 방법, 주기 등이 다르게 운영되는 것이 가장 바람직하다. 위의 내용을 참고하되 팀원과 상의하여 우리 팀에 가장 잘 어울리는 회의 형태를 만들어가면 될 것이다.

## 팀 회의를 촉진하는 팀장의 핵심 행동

리더가 되었을 때 겪게 되는 가장 큰 변화 중 하나는 바로 회의 장면이다. 당신의 말 한마디, 행동 하나하나를 팀원들이 주시한다. 당신이 팀원 시절이었을 때와 사뭇 다른 팀원들의 모습에 부담감을 갖게 될 수 있으며, 뭔가 리더다운 모습을 보여야 한다는 강박관념에 사로잡힐 가능성이 높다. 팀장으로서 당신이 회의를 주재할 때 해야 할 행동과 하지 말아야 할 행동은 다음과 같다.

첫째, 모든 사안에 당신의 의견을 더해야 한다는 강박관념에서 벗어나라. 당신이 아는 이야기라면 몰라도 모르는 이야기까지 억지로 답하려 하지 말라. "잘은 몰라도 내 생각은 말이야"와 같은 표현은 최악이다. 팀원들은 당신이 그냥 지나가다 한 말조차도 당신의 업무 지시사항이라고 생각하기 때문이다. 모르는 것은 그저 이해하기 위해 들어주면 된다. 애써 말할 필요가 없다. 애써 당신의 무지를 드러낼 필요가 없다.

둘째, 팀원의 의견에 대해 섣부른 판단을 삼가라. 팀원이 한마디 입을 떼는 순간 이건 안 들어도 아는 이야기라는 판단이 들 때가 있다. "그건 아니지~" 하며 중간에 말을 끊고 성토와 열변을 쏟아낸다. 일이 이쯤 되면 웬만큼 기가 센 팀원이 아니라면 모두가 입을 다물어버린다. 팀원의 의견에 대해 섣부른 판단을 한다는 것은 팀원으로부터 더 이상 관련된 정보를 받지 않겠다는 것을 공개적으로 선언하는 것과 다름없다. 섣부른 판단은 오해를 부르기 쉽고 오해가 생겨도 판단을 해버린 상태이므로 되돌리기가 어렵다. 모든 일에는 다 그럴 만한 사정이 있고 모든 의견에는 다 그럴 만한 이유가 있다. 얼핏 보기에는 뭔가 문제가 있어 보이는 이야기도 찬찬히 배경 설명을 들어보면 고개가 끄덕여지는 경우가 많다.

셋째, 장례식장 같은 엄숙한 회의 분위기를 만들지 말라. 당신은 현재 앞으로 팀을 어떻게 끌고 나갈지 고민하느라 마음이 무겁다. 아직 중요한 일과 덜 중요한 일을 구분하지 못해 하나하나 꼬치꼬치 따지기 시작한다. 이러한 당신의 마음과 태도는 지나치게 진지하고 숙연한 회의 분위기를 만들고 만다. 당신의 고민과 긴장감을 보여주는 것은 좋지만 당신의 표정이 곧 팀 분위기로 이어진다는 사실을 간과해서는 안 된다.

넷째, 회의 시간에 늦지 말라. 아니 회의 장소에 가장 먼저 도착하라. 안 그랬던 사람들도 이상하게 리더의 위치에 오르게 되면 회의 시간에 가장 늦게 나타난다. 마치 리더십과 관련된 어떤 매뉴얼에 적혀 있는 것처럼 말이다. 먼저 나타나면 체통이라도 떨어지는지…. 왜 그래야 하는지는 정말 알 수가 없다. 지금 이 글을 읽는 시점 이후로는 절대 회의 시간에 늦지 말라. 만일 본의 아니게 늦게 나타날 경우가 있다면 반드시 팀원들에게 사과하라. 팀에서 시간만큼 소중한 자원이 있을까? 팀원들이 앞으로 가장 당신을 애태우게 할 일은 시간 약속이다. 당신은 일의 데드라인을 지키지 않는 팀원들 때문에 골머리를 앓게 될 것이다. 조직은 일이 있고 그 일을 수행하는 사람으로 구성된다. 결국 사람이 일을 하는 곳이 조직인데 이때 사용하는 자원은 딱 두 가지로, 바로 시간과 돈이다. 시간을 효과적으로 사용하는 법을 알지 못하는 개인이나 조직은 결코 일에서 성공할 수 없다. 시간이 쓸데없이 낭비되지 않도록 직접 몸으로 보여줘야 한다. 회의 시간에 늦는 것은 절대 금물이며 팀장은 회의 시간에 가장 먼저 도착해 회의를 준비해야 한다. 이런 모습을 몸으로 보여줘야 팀원은 다른 팀원의 시간을 불필요하게 소모하게 하지 않을 것이며 자신의 시간도 낭비하지 않을 것이다.

다섯째, 문서 없는 구두 커뮤니케이션을 활성화하라. 팀원들이 불필요한 문서를 작성하는 데 시간과 노력을 투입하지 않도록 해야 한다. 팀에서 문서는 기록 보관이나 대외 커뮤니케이션, 두 가지 용도 외에는 최소화되어야 한다. 굳이 팀 내부에서 팀장과 팀원이 얼굴을 맞대고 대화를 하는데 문서가 무슨 필요가 있겠는가? 대개 윗사람이 아랫사람을 믿지 못하는 조직이 문서 작업이 많다. 믿지 못하니 문서의 형태로 이를 공식적으로 확인하고자 하는 것이다. 조직 내 문서가 많다는 것은 상하 간 소통이 경직되어 있음을 뜻하며 동시에 낮은 실행력의 조직임을 상징한다.

여섯째, 팀원들의 이야기를 진지하게 듣고 모든 의견에 감사의 표현을 아끼지 말라. 팀원 입장에서 팀장과 자신의 신뢰 관계 수준을 체크하는 결정적인 장면이 있는데 그것은 자신의 의견에 대한 팀장의 반응이다. 팀원은 자신의 이야기에 팀장이 별 반응을 보이지 않으면 뭔가 일이 잘못되어 가고 있다는 느낌을 갖게 된다. 사실 요즘 팀장들의 가장 큰 고민 중 하나가 팀원이 좀처럼 자기 생각을 말하지 않는다는 점이다. "팀원들이 몽땅 제 입만 쳐다보고 있어요. 정말 의욕이 있는 사람들인지 회의감이 느껴집니다." 이와 같이 자기 생각을 말하지 않는 팀원의 소극적인 태도에 힘들어하는 팀장들이 많다. 팀원이 뭐가 됐든 자기 생각을 말해준다는 것은 무조건 고마운 일이다. 따라서 헛소리에 가까운 의견일지라도 감사의 표현을 잊지 말아야 한다. 앞에서 언급했듯이 팀원의 의견 하나하나에 대한 섣부른 판단은 금물이고 일단 팀원들의 다양한 의견을 모으는 데 집중해야 한다. 이런저런 생각을 자유롭게 말할 수 있도록 해야 한다. 팀장이 이러한 감사의 마음을 충분히 표현한다면 팀원은 계속 새롭고 창의적인 의견을 떠올려 말할 수 있게 된다. 그 이유는 팀장과의 심리적 거리감이 좁혀지면서 두뇌가 긴장 상태에서 벗어날 수 있게 되기 때문이다. 우리의 두뇌는 긴장 상태에서 벗어날 때 최고 수준으로 활성화된다.

마지막으로 최종 의사결정은 가급적 팀원이 직접 하게 하는 것이 좋다. 어떤 일이든 사람은 스스로 정한 일에 대해 애정을 갖게 되고 잘해보고 싶은 열정도 생기게 된다. 만약 어쩔 수 없이 팀장이 결정해야 하는 상황이라면 팀원들에게 불가피한 상황에 대해 납득할 수 있는 충분한 설명을 해야 할 것이다.


팀 회의를 촉진하는 팀장의 핵심 행동

1. 모든 사안에 당신의 의견을 더해야 한다는 강박관념에서 벗어나라.

2. 팀원의 의견에 대해 섣부른 판단을 삼가라.

3. (엄숙한 분위기가 아닌) 밝고 경쾌한 분위기를 만들어라.

4. 회의 장소에 가장 먼저 도착하라.

5. 문서 없는 구두 커뮤니케이션을 활성화하라.

6. 팀원들의 이야기를 진지하게 듣고 모든 의견에 감사의 표현을 아끼지 말라.

7. 최종 의사결정은 가급적 팀원이 하게 하라.

# 팀장의 점심시간은 달라야 한다

> " 예전에는 편했던 점심시간, 팀장이 되니 고민스럽습니다. 팀원들이 저랑 밥을 먹고 싶어 하는 것 같지도 않고…. 다른 팀장님들은 점심 식사 어떻게 하시나요? "

"팀장님과 밥 한번 먹고 싶어요."

어느 날 한 팀원이 윤 팀장에게 다가와 말했다.

"아니 내가 최소한 일주일에 두세 번은 팀원들과 밥을 먹는데 이건 무슨 소리지?"

윤 팀장은 의아해하며 반문했다.

"그거야 팀에서 먹은 거죠. 저는 팀장님과는 한 번도 밥 먹은 적이 없는데요?"

당신은 이 팀원의 말을 어떻게 생각하는가?

팀에서 팀장을 포함하여 여러 명이 한꺼번에 식사하는 경우가 있다. 이때 팀장이 착각해서는 안 될 일은 팀원들은 이런 식사 자리를 팀장과 밥 먹는 자리라고 생각하지 않는다는 점이다. 그냥 팀에서 함께 식사한 것뿐이고 자신은 그저 그 속에 포함된 멤버 중 하나일 뿐이다. 이런 식사 자리는 팀장이 아무리 많이 마련해봐야 별 의미가 없다. 그렇기에 굳이 팀 전체나 여럿이 함께 식사하는 자리에서는 팀장이 굳이 돈을 내야 할 이유도 없다.

팀원이 의미 있게 생각하는 식사 자리는 팀장과의 일대일 식사다. 사람은 맛있는 음식을 먹으면 상대에게 호감을 느끼게 된다. 이런 식사 자리는 소통과 교감이 이뤄질 수 있는 자리다. 팀원과 단둘이 만나 식사를 한다면 당신이 그 팀원을 초대한 것이니 당연히 당신이 사야 할 것이다.

"자~ 오늘은 어디 갈까요?"

12시만 되면 어김없이 나오는 말이었다. 나는 1990년대부터 직장 생활을 해왔다. 그때 나는 점심 식사는 무조건 함께 일하는 부서 사람들과 같이 해야 하는 줄로만 알았다. 어쩌다 한 번 약속이 있어 부서 사람들과 함께 점심을 하지 못하게 되는 일이 있는데 이는 부서 사람들에게 미안한 일이기도 했다. 점심 식사도 함께했는데 야근을 해야 할 때도 저녁 식사는 부서 사람들과 함께 먹었다. 그리고 이것이 지극히 당연한 일인 줄로만 알았다. 아주 오랫동안….

하지만 요즘 나는 점심이나 저녁 식사를 같이 일하는 팀원들과 함께 하는 것만큼 어리석은 일은 없다고 생각한다. 생각해 보면 온종일 사무실에서 얼굴 보고 일하는데 굳이 식사 시간까지 함께 할 이유는 없는 것이다.

내가 말하고 싶은 것은 팀원들과 같이 식사하는 것 자체가 잘못되었다는 것이 아니다. 우리에게는 같은 팀 사람들 외에 만나야 하는 사람들이 너무나도 다양하고 많다는 것이다. 함께 일하는 업무 파트너, 함께 협업해야 하는 인접 부서, 우리의 상품이나 서비스를 제공받는 고객, 비즈니스의 영감을 줄 수 있는 같은 분야에 종사하는 사람 등 천지에 만나야 할 사람들이 깔려 있다. 이런 사람들을 내버려 둔 채 오로지 팀원들만 바라보고 있다면 팀은 편협한 사고에서 벗어나지 못할 것이다.

## | 그룹사고를 경계하라 |

심리학자인 어빙 재니스는 조직의 의사결정 실패 원인을 의사결정 집단의 집단심리에서 찾았다. 집단의 결속이 강하고 다른 집단과의 교류가 부족할수록 그 집단이 채택한 의사결정을 재검토하지 않는 경향이 있다고 한다. 결국 집단적 합리화가 일어나게 되는데 이를 '그룹사고'라고 한다. '그룹사고'의 결과는 그 그룹의 사고 수준을 넘어서거나 예측하기 어려운 상황에 소홀하게 된다는 점이다.

어느 조직이든 이와 같은 그룹사고의 위험에 노출되어 있다. 실패하기 위해 일하는 조직은 없다. 완벽하게 실패한 조직조차도 그렇게 실패할 것이라고는 전혀 생각하지 못했을 것이다. 고객이 아닌 자기 관점에서 해석하고 아이디어를 내는 그룹사고의 덫에 걸려버리면 열심히 일해도 모두 허사가 된다.

'그룹사고'를 갖기 쉬운 조직의 가장 대표적인 증상 중 하나가 바로 점심 식사 시간에 조직 구성원들이 한꺼번에 몰려다니는 행동이다. 팀원들이 식사할 때 몰려다니는 이유는 팀장이 항상 팀원들과 밥을 먹으려고 하기 때문이다.

항상 식사 때마다 팀원들을 거느리고 식사를 함께 하는 팀장이 있다. 많은 수가 앉아야 하니 식당을 잡는 것도 하나의 일이다. 팀장은 팀원들이 저마다 바쁘니 식사 때라도 서로 얼굴을 보면서 소통도 하고 소속감도 고취시키자는 나름의 생각을 하고 있을 것이다. 하지만 이는 어쩌다 한 번이면 족하다.

팀장과 늘 함께 밥을 먹는 팀원들은 온종일 팀장을 보고 있는 꼴이어서 팀장의 사고 수준에서 벗어나지 못할 것이다. 팀장이라면 역시 식사 시간만큼은 늘 만나던 사람이 아닌 새로운 사람을 만나 좀 더 다른 생각을 접할 수 있는 시간을 가져야 한다. 팀원들의 점심시간은 새로운 세상과 소통하고 새로운 관계를 맺는 시간이어야 한다. 물론 팀장도 마찬가지이다.

How to Become the Leader
You Want to Be

 How to Operate
Team Routine

 **Performance
Management**

 Strategies to
Empower the Team

 How to Carry out Performance
and Development Coaching

 How to Manage
Talented People

 Keeping Valued People
in Your Orbit

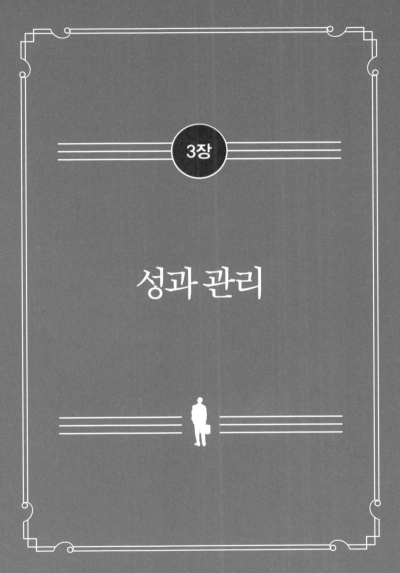

3장

성과 관리

# 팀의 나침반을 가져라

> 우리 팀은 지금 너무 혼란스러운 상황입니다. 이런저런 일들을 하고
> 는 있는데 무엇을 향해 가는지 알 수가 없습니다. 마치 대양에서의 항
> 해가 아니라 폭풍을 맞아 표류하고 있는 듯한 느낌입니다. 게다가 팀
> 원들도 몇 명 새로 왔고 저 또한 새로 온 팀장입니다. 팀의 혼란을 줄
> 이고 팀의 방향을 제대로 잡으려면 무엇부터 해야 할까요?

한 조직이 존재하는 이유는 바로 그 조직이 갖는 '공동의 목
적'이 있기 때문이다. 이 세상의 모든 조직은 저마다 존재하는 목적
을 가지고 있고 이러한 목적의 구현을 위해 존재한다.

## | 우리 팀의 미션은 무엇인가?

종종 조직이 혼란에 빠지는 이유는 바로 공동의 목적이 흔들리거

나 그것을 망각하는 과정에서 발생한다. 조직이 갈 길을 잃고 혼란에 빠지기 쉬운 경우는 크게 다음의 일곱 가지다.

조직이 갈 길을 잃고 혼란에 빠지는 경우
- 신생 조직일 때
- 조직의 장이 바뀔 때
- 조직 구성원의 변화가 심할 때(새로운 구성원의 유입 및 기존 구성원의 이탈)
- 새로운 비즈니스 모델을 찾을 때
- 기존 비즈니스 모델이 한계를 맞게 되었을 때
- 발등에 떨어진 긴급한 현안이 많을 때
- 조직의 미션 자체가 존재하지 않거나 애매한 형태로 정리되어 있을 때

특히 팀 단위의 소규모 조직이 혼란에 빠지는 경우는 대체로 당장 발등에 떨어진 긴급한 현안 과제 중심으로 팀을 경영하고 있는 경우가 많다. 너무 바쁜 나머지 좀 더 큰 시각을 갖지 못하는 형국이다. 이는 어쩔 수 없는 현실이기도 하다. 요즘 세상이 너무나도 빠르게 변화하고 있고 글로벌 무한 경쟁의 현실에서 모든 조직이 이기느냐 죽느냐의 싸움을 하고 있다. 쉽게 말해 전쟁터에서 매일같이 목숨을 건 전투를 하는 처지인 것이다.

이런 상황에서 조직의 존재 이유가 무엇인지를 따지는 것은 어쩌면 사치스러운 일인지도 모른다. 그럼에도 불구하고 다른 사람은 몰라도 한 조직의 장으로서 팀장에게는 조직의 존재 이유를 묻지 않을

수가 없다.

　팀장은 팀의 존재 이유인 '팀의 미션'을 명확히 하고 팀원과 수시로 공유할 수 있어야 한다. 늘 전투를 벌이는 팀원의 시선은 눈앞에서 벌어지는 전투 장면에만 꽂혀 있을 것이기 때문이다. '팀의 미션'은 팀이 나아가야 할 방향이고 팀에서 벌어지는 모든 일은 팀의 미션으로부터 나와야 한다. 팀장이 팀의 미션을 챙기지 못한다면 시간이 가면 갈수록 팀원들은 왜 해야 하는지도 모른 채 일을 수행하거나 근시안적인 관점에서 일을 처리해버릴 가능성이 높다.

　팀의 미션을 명확히 할 때 가장 중요한 것은 바로 '고객'이다. 팀의 고객이 누구인지를 명확히 해야 한다. 팀의 고객이 누구인지도 모른 채 일하는 조직이 과연 있을까 싶지만 나는 그런 팀 조직을 수도 없이 만나왔다. 심지어 자신의 고객을 상위 조직의 임원으로 규정하는 팀을 만난 적도 있다.

　팀의 미션을 상위 조직의 임원이라고 한다면 그 조직은 외부 시장의 고객이 아니라 그저 임원을 만족시키기 위해 존재하는 셈이 된다. 물론 상위 조직의 임원이 조직에 매우 중요한 사람일 수 있지만 이때는 고객이라고 표현하는 것보다는 이해관계자로 표현하는 것이 더 잘 어울릴 것이다.

　팀의 고객이 누구인지 명확하게 찾았다면 이후에는 고객에게 어떤 기여를 하고자 하는지를 정의해야 한다. 예를 들면 동네에 존재하는 식당의 미션을 정의하면 다음과 같을 것이다.

| 동네 한식당의 미션 |

| 고객 | 고객에게 기여하는 점 | 미션 기술문 |
|---|---|---|
| 동네 주민들 | 집밥보다 맛있고 건강한 한식을 합리적인 가격에 제공하는 것 | 동네 주민들에게 집밥보다 맛있고 건강한 한식을 합리적인 가격에 제공한다 |

팀의 미션이 명확해지면 팀에서 수행되는 모든 일의 방향성이 명확해진다. 먼저 해야 할 일과 하지 말아야 할 일이 구분된다. 그리고 여러 가지 일들이 혼재하여 복잡한 상황에서 일의 우선순위를 보다 손쉽게 정리할 수 있다.

팀의 미션을 명확히 하고자 할 때는 다음의 두 가지 질문에 대한 답을 찾아 정의해보면 된다.

1. 우리 팀의 고객은 누구인가?

2. 우리의 고객에게 무엇을 기여하고자 하는가?
   (또는 우리의 고객은 우리에게 무엇을 원하는가?)


## | 우리 팀의 목표는 무엇인가?

이렇게 큰 틀에서 팀의 방향이 정해지면 다음으로는 팀이 달성해야 할 목표를 정해야 한다. 팀의 미션이 팀이 나아가야 할 방향이라면 팀의 목표는 특정 기간 내에 팀이 달성하거나 도달해야 하는 구체적인 상태를 뜻한다.

바람직한 목표 설정 방법으로 목표 설정과 관련하여 고전으로 불리는 SMART 목표 설정 원칙을 많이 사용한다. SMART 목표 설정 원칙은 다음과 같다.

SMART 목표 설정 원칙

- **Specific:** 구체적이고 분명한
- **Measurable:** 정량화되어 측정할 수 있는
- **Attainable:** 달성할 수 있는 수준의
- **Relevant:** 팀의 미션과 잘 부합하는
- **Time based:** 마감 시한이 있는

예를 들어보자. 최근 한 칼럼에서 접하게 된 캐나다 어떤 도시 시장의 목표 한 가지를 소개한다. 그의 목표는 다음과 같다.

"앞으로 3년 이내에 모든 시민들이 집에서 걸어서 5분 거리 이내의 공원을 만나게 한다."

이 목표는 위의 SMART 목표 설정 원칙에 완전히 부합한다. 목표는 이런 식으로 정의되어야 한다. 만약 이 시장의 목표가 다음과 같으면 어떨까?

"모든 시민이 편리하게 이용할 수 있는 공원을 구축한다."

가장 바람직하지 못한 목표의 형태다. 내용 자체가 구체적이지 않고 애매하기만 하다. 대표적으로 '편리한'이라는 용어는 사람에 따라

해석이 달라질 수 있는 표현이다. 목표 자체가 측정이 안 되는 것이어서 시장이 이 목표를 잘 달성했는지 아니면 아예 아무 일도 안 했는지조차 판단이 불가할 것이다.

기업 조직에서 구글의 목표 설정 방식으로 유명한 OKR(Objective +Key Results)을 살펴보면 원리는 크게 다르지 않다. 내용을 설명하면 다음과 같다. 먼저 단기간에 달성할 수 있는 '가슴이 설레는 목표(Objective)'를 정한다. 여기에서 목표는 크게 구체적이지 않아도 된다. 왜냐하면 다음 단계인 핵심 결과 지표(Key Results)에서 결과에 대한 구체적인 모습과 지표를 상세하게 정의하기 때문이다. 핵심 결과 지표는 목표를 가장 잘 뒷받침하는 상태와 관련해 구체적인 측정 지표를 담는다. 예를 들어 앞에서 팀의 미션을 소개할 때 언급했던 동네 한식당의 예를 들면 다음과 같다.

| OKR 관점으로 정리한 동네 한식당의 목표 |

| 목표(Objective) | 핵심 결과 지표(Key Results) |
|---|---|
| OO동에서 엄마들로부터 가장 사랑받는 한식당 | • 여성 고객의 한 달 내 재방문율 50퍼센트 이상<br>• 고객이 남긴 잔반 비율 10퍼센트 이내<br>• 매일 점심시간 학부모 단체 손님 1 테이블 이상 |

동네 한식당은 앞에서 조직의 미션으로 '동네 주민들에게 집밥보다 맛있고 건강한 한식을 합리적인 가격에 제공하는 것'으로 소개하였다. 그리고 이곳의 목표는 다양한 형태의 것이 나올 수 있겠지만 여기에서는 엄마라는 타깃 고객을 정했다. 엄마로부터 사랑받을 수

있는 식당이라면 당연히 집안 식구들이 자연스럽게 올 수밖에 없기 때문이다. 목표를 설정할 때는 이와 같이 핵심이 무엇인지를 찾아 그 것을 중심으로 정리하면 보다 쉬워질 수 있다. 나는 강연자로서의 역할을 수행하고 있다. 얼핏 보기에 나의 핵심 고객은 내 강의를 듣는 청중인 것 같지만 실상은 그렇지 않다. 내 강의를 선택하는 사람은 청중이 아니라 기업 조직의 교육 담당자다. 따라서 나의 목표는 '기업의 교육 담당자로부터 정확한 교육 니즈를 파악하는 것'이 된다. 정확한 교육 니즈를 파악하게 되면 자연스럽게 탁월한 강의를 수행할 수 있기 때문이다.

OKR은 새로운 형태의 목표 설정법으로 보이지만 사실 기존의 목표 설정 방법과 크게 다르지 않다. 하지만 OKR이 좀 더 와 닿는 이유는 두 가지다. 첫 번째 이유는 목표를 좀 더 동기부여 하는 형태로 제시한다는 점이다. 조직의 목표에 대한 구성원의 의견이나 반응을 들어보면 조직의 목표가 가슴을 뛰게 하는 것이 아니라 한숨부터 나오게 하는 경우가 많다. 뭔가 도전해봐야겠다는 마음이 드는 것이 아니라 그저 걱정되고 부담스럽기만 한 목표인 것이다. 팀의 목표가 팀원들을 동기부여 하려면 팀원들이 직접 참여하여 만드는 것이 좋다. 누군가로부터 일방적으로 떨어지는 목표는 내 것이라는 생각이 별로 들지 않는다. 팀원들이 함께 머리를 맞대고 충분히 도전할 만한 가치가 있는 항목을 찾는 노력이 필요하다. OKR이 좀 더 와 닿는 두 번째 이유는 핵심 결과 지표라는 개념을 구체적으로 명시하면서 보다 구체적이고 명확한 형태의 목표가 기술되도록 유도하고 있기 때문이다. 즉 기존의 목표 설정 과정에서 자주 발생했던 두루뭉술하고 핵심을 짚지 못했던 시행착오를 줄일 수 있도록 해준다.

마지막으로 바람직한 팀의 목표 설정에 관하여 한 가지 놓쳐서는 안 되는 것이 있다. 그것은 목표의 가짓수다. 팀의 목표의 가짓수는 너무 많아서는 안 된다. 너무 많은 수의 목표를 갖는다는 것은 아무 것도 하지 않는다는 것과 같다. 그만큼 팀의 인적·물적 자원이 분산 될 것이기 때문이다. 팀의 목표라는 말은 그 자체로 '가장 중요한'이 라는 말을 포함하고 있다고 생각하면 된다. 이런저런 욕심나는 목표 는 많겠지만 그 가운데에서도 가장 중요한 목표를 골라내야 한다. 팀 의 목표의 가짓수는 가급적 세 가지 이내여야 하며, 많아도 다섯 가 지를 초과하지 않도록 하는 것이 좋다.

# 알아서 일해주는 팀원은 없다

" 저는 사람 복이 없는 걸까요? 다른 팀장들을 보면 밑에서 알아서 착

착 일해주는 팀원들이 있던데 불운하게도 저한테는 그런 팀원이 없네

요. 어떻게 하면 팀원이 알아서 착착 일하게 할 수 있을까요? "

　　세계적인 커피 프랜차이즈 스타벅스에 가면 다른 카페와는
한 가지 다른 차이점을 발견할 수 있다. 그것은 진동 벨이 없다는 것
이다. 요즘 어디에서나 주문한 음료나 음식을 고객이 직접 픽업을 해
야 하는 곳에서는 고객과의 커뮤니케이션을 위해 진동 벨을 사용한
다. 스타벅스에서 이를 사용하지 않는 이유는 경비 절감 차원이 아
니다. 사람의 목소리로 고객과 소통하고자 하는 CEO인 하워드 슐츠
의 철학 때문이다. 진동 벨이 없어 불편하지 않을까 싶지만 의외로
스타벅스를 늘 이용하는 사람들 가운데는 진동 벨이 없다는 사실조
차 알지 못하는 사람들이 많다. 그는 소통에 있어 다른 곳과 차별화
된 행동 양식을 계속 유지하고 싶은 것이다.

일반적으로 우리가 수행하는 일의 양은 대체로 동일하다. 일의 질적인 측면에서도 거의 차이가 없다. 그런데 결정적으로 차이를 만드는 것은 그 일과 관련된 작은 행동이다. 그리고 작은 행동은 그 일을 초라하고 빈약하게 만들어버리는 마이너스 행동이 있고, 멋들어지고 빛나게 하는 플러스 행동이 있다. 쉽게 말해 똑같은 일을 해놓고도 마이너스 행동을 하면 고객으로부터 욕을 먹고, 플러스 행동을 하면 찬사를 받는다.

팀의 마이너스 행동은 팀의 일과 성과를 퇴색하게 하는 모든 행동을 말한다. '깨진 유리창의 법칙'이란 말을 많이 들어보았을 것이다.

1982년 미국의 범죄학자인 제임스 윌슨과 조지 켈링이 정리한 이론으로 작은 범죄가 나중에 큰 범죄로 이어진다는 의미다. 유사한 이론으로 '하인리히 법칙'이라는 이론도 있다. 1931년에 허버트 윌리엄 하인리히가 제시하였으며 '1 : 29 : 300'이라는 수식으로 설명되는 이론이다. 보험사에서 일했던 그는 산업 재해 사례에서 한 가지 통계적 법칙을 발견하였는데 중상자가 1명이 나오면 그전에 같은 원인으로 경상자가 29명, 같은 원인으로 부상을 당할 뻔한 잠재적 부상자가 300명이 있었다는 사실이다.

중국의 경영컨설턴트 왕중추가 쓴 《디테일의 힘》은 우리나라에서 베스트셀러가 된 책이다. 이 책의 핵심은 비즈니스 현장에서는 '100-1=99'가 아니라 '100-1=0'이 될 수 있다는 내용이다. 음식점에 갔다가 음식 맛이 아니라 종업원의 퉁명스러운 말 한마디에 마음이 상해 다시는 안 가는 일이 있고, 자동차를 사러 매장에 들렀다가 나에게 눈길을 주지 않는 판매원에 의해 다른 자동차 매장으로 발길을 돌리게 된다. 날로 심해지는 경쟁 환경은 작은 차이를 아주 크게 만들어버린다.

## | 핵심 행동이 성과를 만든다

나는 팀장들에게 종종 다음 질문을 한다.

"어떤 팀원들이 가장 마음에 드는가요?"

이 질문에 대해 팀장들에게서 나오는 답변은 거의 한 가지다. 열이면 열, 다음과 같이 답변을 한다.

'알아서 척척 일해주는 팀원 또는 내가 바빠서 미처 챙기지 못한 일을 알아서 처리하는 팀원.'

이런 답을 들을 때마다 나는 "꿈 깨세요"라고 말한다. 왜냐하면 이 세상에 그런 팀원은 거의 존재하지 않기 때문이다. 만약 당신의 팀에 그런 귀인과 같은 팀원이 있다면 당신은 완전 행운아일 것이다. 팀장은 알아서 일해주는 팀원을 기대하기보다는 더욱 전략적인 접근을 취해야 한다. 그것은 '핵심 행동(Vital Behaviors)'을 찾아서 팀원들과 공유하는 것이다. 핵심 행동은 '원하는 것을 달성하기 위한 가장 중요한 행동'을 뜻한다. 다시 말하면 팀의 미션과 목표를 달성하기 위해 키가 되는 가장 중요한 행동이다. 조셉 그레니의 《인플루엔서》라는 책을 보면 미국 병원의 사례가 소개되어 있다. 이 병원은 고객 만족의 영역에서 문제를 안고 있었다. 병원의 고객 만족 지수가 바닥 수준이어서 위기 상황에 처해 있었다. 고객 만족과 관련하여 외부 컨설팅 기관의 컨설팅도 받는 등 여러 가지 노력을 해왔지만 허사였다. 마지막으로 이 병원은 핵심 행동에 집중했다. 고객 만족과 관련한 핵심 행동을 다음과 같이 다섯 가지 찾았다.

미국 한 병원의 고객 만족 관련 핵심 행동

- 미소 짓기
- 환자와 눈 마주치기
- 자기 자신을 밝히기
- 고객에게 자신이 무엇을 왜 하는지 알려주기
- '더 필요한 것이 없으신가요?'라는 말로 대화를 마무리 짓기

이 병원은 병원의 의사와 간호사 그리고 병원 내 모든 스태프들이 이 행동을 가장 우선순위에 놓고 실천하도록 했다. 또한 주기적으로 이 행동을 얼마나 잘 실천하는지를 점검했다. 이러한 노력의 결과는 즉각적으로 나타났다. 1년 만에 고객 만족 지수를 최상위 수준에 올려놓은 것이다.

내가 이전에 몸담았던 회사의 총무팀 이야기다. 회사에서 총무팀처럼 잡다한 일을 하는 곳도 없다. 총무팀과 관련하여 이런 우스개 이야기도 있다. 두 팀이 싸운다. 서로 어떤 일에 대해 자기가 해야 할 일이 아니라고 하면서 책임을 서로에게 떠민다. 한참을 싸우다가 두

팀은 다음과 같이 결론을 내린다. "이건 총무팀 일이야!" 이처럼 회사에서 온갖 궂은일을 하는 곳이 총무팀이다. 일을 잘해도 전혀 티가 나지 않으며 못하면 조그마한 실수에도 십자포화를 맞을 수 있는 곳이다. 고객이 내부 직원이기 때문이다. 말도 많고 게다가 니즈도 직원들의 수만큼 다양하다. 욕이나 먹지 않으면 다행인 미션을 수행하는 총무팀인데 이 팀은 많이 달랐다. 사내 직원이나 다양한 이해관계자들로부터 늘 칭찬을 받는 모습이었다. 그 팀의 비결을 알고 싶었다. 그런데 그것은 그리 큰 것이 아니었다. 바로 이 팀의 팀원들이 함께 준수하는 몸에 밴 행동 한 가지가 있었는데 그것은 다음의 행동이었다.

"절대 불평하지 않는다."

이 팀원들은 고객의 터무니없는 피드백이나 요구를 받고서도 절대 불평을 터트리지 않았다. 현재 상황을 자세하게 알려주고 그것을 위해 그들이 어떤 노력을 해왔고 하고 있는지만을 사실대로 전달했다. 모든 이야기를 공손하게 받아들이는 모습에 오히려 감정 섞인 요구를 하는 사내 고객들이 나중에는 미안함을 느낄 정도였다. 이러한 모습에서 진정성이 느껴졌고, 서서히 총무팀을 지지하는 사람들이 늘어나기 시작했다. 불평을 하나 하지 않으나 그들이 하는 일의 양과 질은 똑같다. 불평해서 그들이 하는 일을 군이 훼손시킬 이유가 없는 것이다.

핵심 행동은 팀의 미션 및 목표와 매우 밀접한 관계를 맺고 있다. 쉽게 말해 팀의 미션과 목표를 달성하는 데 가장 중요한 행동이 바로 핵심 행동이다. 만약 팀의 목표가 미션과 잘 연계되어 설정된 것이라면 팀의 목표만을 놓고 핵심 행동을 도출해도 무방하다. 앞에서 동네 식당의 목표를 '○○동에서 엄마들로부터 가장 사랑받는 한식당'이라고 설정하였다. 이 식당의 핵심 행동을 도출한다면 아마도 다음과 같은 행동들로 정의할 수 있을 것이다.

| 동네 한식당의 핵심 행동 |

| 목표(Objective) | 핵심 결과 지표<br>(Key Results) | 핵심 행동 |
|---|---|---|
| ○○동에서<br>엄마들로부터 가장<br>사랑받는 한식당 | • 여성 고객의 한 달 내<br>재방문율 50 % 이상<br>• 고객이 남긴 잔반 비<br>율 10퍼센트 이내<br>• 매일 점심시간 학부<br>모 단체 손님 1테이블<br>이상 | • 음식을 서빙할 때 음식의 재료와 조리<br>방법에 대해 상세히 설명해주기<br>• 반찬이 떨어지기 전에 먼저 가져다주기<br>• 방문할 때 얼굴 알아봐주기<br>• 음식 맛에 대한 피드백을 듣고 개선하기<br>• 학부모 모임 장소 제공하기<br>• 초등학교 저학년 아이들이 좋아하는<br>메뉴 만들기 |

다시 말하지만 알아서 척척 일해주는 팀원을 기대하지 말라. 대신 팀원이 팀의 성과 향상을 위해 반드시 지켜야 하는 핵심 행동을 찾고 그것을 팀원들과 함께 공유하라. 주기적으로 팀의 핵심 행동이 얼마나 잘 지켜지고 있는지를 체크하라. 이러한 노력만으로도 큰 성과를 기할 수 있다.

당신이 정한 팀의 핵심 행동은 무엇인가?

# 지금 뭔가를 보여줘야 한다면, 퀵윈

> " 팀장이 됐습니다. 뭔가 보여주고 싶습니다. 위의 본부장한테도 저의
> 존재감을 알리고 싶습니다. 결국 성과로 보여주는 것이 최고일 텐데.
> 그런데 어떤 아이템을 잡아야 할지 잘 모르겠어요. "

《손자병법》에서는 리더의 유형을 크게 세 가지로 분류한다. 패기가 넘치는 용장(勇將), 지략이 뛰어난 지장(智將), 덕으로 이끄는 덕장(德將). 당신은 이 세 가지 유형 가운데 어디에 속한다고 보는가? 또한 당신이 가장 존경했던 리더는 이 세 유형 가운데 어디에 속하는가? 이 세 가지 리더 유형 가운데 군이 순서를 정한다면 용장보다 지장, 지장보다 덕장이 낫다고 한다. 하지만 재미있는 것은 이 세 가지 유형에 비할 수 없이 세상이 더 선호하는 리더 유형이 있다는 점이다. 그것은 바로 복장(福將)이다. 제아무리 용맹하고 지략이 뛰어나고 덕이 있는 자라 할지라도 복이 많은 자를 이기지 못한다는 말이다. 여기서 복을 다른 말로 표현하면 바로 '성과'다.

조직은 성장과 발전을 목표로 하는 곳이다. 게다가 세상은 하나의 시장을 놓고 전 세계가 경쟁하는 글로벌 경쟁 환경으로 급속히 재편되고 있다. 이러한 환경에서 성과에 대한 부담은 이 세상 모든 리더의 숙명이며 이는 앞으로 더욱 커져만 갈 것이다. 이는 리더에게도 예외가 아니다.

시작이 반이라고 했다. 이 말은 시작을 이미 했으니 반이 끝났다는 이야기가 아니다. 시작의 질이 전체 절반의 성패를 결정한다는 말이다. 처음 리더는 어떤 시작을 해야 할까? 어느 스포츠를 막론하고 선취점을 먼저 올리거나 좋은 스타트를 끊을 경우 이길 수 있는 확률이 높아진다. 이러한 관점에서 처음 리더인 당신에게 필요한 것은 좋은 시작이다. '앞으로'가 아니라 '지금 당장' 뭔가를 보여줘야 한다. 그렇기에 장기적인 관점의 '대박'을 노리기보다는 당장 수확할 수 있는 눈앞의 열매에 초점을 맞추는 것이 좋다. 심사숙고보다는 강한 실행과 추진력에 무게중심을 두어야 한다. 큰 것을 노려서 그것을 이룰 수 있다면 그것만큼 좋은 것은 없을 것이다. 하지만 현실은 그렇지 않은 경우가 많다. 아무도 기다려주지 않기 때문이다. 특히 전사(全社) 차원에서 보면 하위 레벨에 위치해 있는 팀 차원에서 크게 벌일 수 있는 일도 많지 않고 있다손 치더라도 그것을 해낼 수 있는 자원을 한꺼번에 제공받기란 불가능에 가깝다. 특히 신임 리더는 팀원들뿐만 아니라 팀의 이해관계자들로부터 리더로서의 역량을 검증받아야 하는 상황이 아닌가? 판을 크게 벌일 경우 자칫 이것저것 재기만 하고 이해관계자들을 설득하느라 소득 없이 시간만 허비해

버릴 가능성이 높다. 그렇기에 먼저 짧은 기한 내에 이룰 수 있는 퀵 윈(Quick Win)에 집중하는 것이 좋다. 이랬을 때 당신 스스로의 자신감은 물론이고 당신을 의심의 눈초리로 지켜보는 당신의 상사와 부하 직원들에게 믿음을 줄 수 있다. 퀵윈을 계속해서 보여준다면 팀원과 이해관계자들의 지지와 신뢰를 얻을 수 있기에 장기적인 관점의 빅윈(Big Win)에도 도전할 수 있는 기회를 얻을 수 있을 것이다.

## | 무조건 성공할 수 있는 퀵윈 과제를 찾아라

퀵윈을 만들기 위해서는 먼저 퀵윈 과제(Quick Win Item)를 선정해야 한다. 퀵윈 과제는 다음의 여섯 가지 조건을 고려하여 찾을 수 있다.

1. 눈에 보이는 결과를 만들 수 있어야 한다. 그래서 팀과 관련된 이해관계자나 고객에게 확실히 뭔가 변화가 진행되고 있다는 믿음을 줄 수 있어야 한다.
2. 고객의 등을 긁어 줄 수 있는 아이템을 찾아야 한다. 그간 팀의 고객으로부터 받아온 피드백을 생각해보면 평소 고객이 느끼는 아쉬움이나 불편함이 무엇인지 알 수 있을 것이다. 평소 그러려니 하며 넘겨왔던 일들에 단서가 있다.
3. 시간이 오래 걸리지 않아야 한다. 늦어도 팀장 보임 후 3개월을 넘겨서는 안 되며 빠르면 빠를수록 좋다.

4. 적은 비용으로 할 수 있어야 한다. 돈이 안 들수록 좋다.

5. 팀원 모두가 참여할 수 있는 아이템이면 더욱 좋다. 모두가 힘을 모아 함께 이루어낼 수 있을 때 팀 의식이 강화될 것이기 때문이다.

6. 실패의 위험 없이 무조건 성공할 수 있는 아이템이어야 한다.


총무팀의 변 팀장은 팀장이 되고 나서 가장 먼저 한 일이 회사 전 직원의 책상 위에 2000원짜리 작은 화분을 올려놓는 것이었다. 삭막한 사무실에서 책상 위에 초록색 화분을 올려놓으니 사무실 분위기가 달라졌고 적은 비용으로 직원들의 스트레스를 덜어줄 수 있는 효과 만점의 접근이었다. 총무팀장이 바뀌더니 뭔가 달라졌다는 이야기가 여기저기서 들려왔다.

교육팀의 박 팀장은 그간 아무도 신경 쓰지 않았던 '사내 강사제도'를 바꿨다. 사내 강사는 부가적인 업무라 생각해서 직원들이 별로 하고 싶어 하지 않는 일이다. 그래서 '사내 강사'라는 이름을 전문가적인 냄새가 물씬 나는 '마스터'라고 바꾸고 선정된 마스터들에게 스스로 역량을 키울 수 있는 교육 기회는 물론 전문가와의 네트워크 형성 기회를 대폭 제공하였다. 한마디로 사내 강사의 사내 위상을 바꾼 것이다. 이후 직원들은 '마스터'로 선정되는 것을 회사에서 경력 개발의 큰 기회로 생각하게 되었으며, 자연스레 HR 부서에서도 마스터로 선정된 직원들을 특별 관리하는 시스템이 마련되었다.

변화추진팀의 이 팀장이 가장 먼저 한 일은 회사 내 주요 직원들에게 회의 기법을 가르치는 일이었다. 기업 문화의 핵심은 회의 문화이고 직원들이 일상적으로 사용할 수 있는 회의 기법을 잘 안다면 자연스레 기업 문화도 바뀔 수 있을 것이라는 계산이었다.

인사팀장인 안 팀장은 팀원들의 사내 고객을 맞는 태도와 전화 예절부터 바꿔놓았다. 직원들을 대하는 팀원들의 고객 서비스 의식을 강화하기 위해서다.

퀵윈 과제는 굳이 기존에 하지 않았던 새로운 일에서 찾을 필요는 없다. 기존에 하던 일에서도 충분히 구체적인 성과를 보여줄 수 있다. 어쩌면 이것이 더 쉬운 방식일 것이다. 새로운 퀵윈 과제가 떠오르지 않는다면 기존에 하고 있던 일에서 그 일의 품질을 향상시킬 수 있는 퀵윈 과제를 찾으면 된다. 즉 기존에 하던 일의 질을 높이는 방법을 연구하는 것이다. 새로운 것에서만 기회를 찾고자 하는 것도 일종의 편협이다. 이미 던져놓은 그물 안에 월척이 걸려 있는데 그것을 보지 못하고 또 다른 그물을 던지는 우를 범해서는 안 될 것이다. 그럴 경우 이미 걸린 월척이 빠져나가 버리거나 그물이 통째로 다른 어부의 손에 들어가버릴 수 있다.

종종 성장 잠재력이 매우 뛰어났던 기업이 위기에 처하는 상황을 목격하게 된다. 마치 금고를 털린 것처럼 내부에 아무것도 남아 있지 않으며 내부 구성원 사이에서는 경영진에 대한 실망과 탄식이 이어진다. 여러 가지 이유가 있겠지만 대체로 이런 경우는 손안에 쥔 보배를 제대로 깨닫지 못했기 때문이다. 그리고 밖에서만 새로운 기회를 찾으려 했기 때문이다.

강연을 주요한 업으로 하는 나 역시도 지속적인 변화를 통해 고객에게 항상 새로운 모습으로 어필해야 한다. 그래야만 지속가능한 성과를 창출할 수 있기 때문이다. 그런데 사실 새로운 비즈니스 아이템은 잘 떠오르지 않는다. 그렇다고 해서 손을 놓고 있을 수는 없는 일이다. 이때는 내가 기존에 해왔던 일을 다시 한번 점검하고 그 가운데서 개선할 수 있는 포인트를 찾는다. 예를 들면 같은 강의 콘텐츠라도 더 멋지고 설득력 있는 형태로 바꾸는 것이다. 이러한 과정을 계속 거치다 보면 새로운 영역에서의 아이디어가 탄생하기도 한다. 퀵윈 과제는 한마디로 '지금 당장 무조건 성공할 수 있는 일'이다. 이런 일이 있을까 싶겠지만 이 주제로 팀원들과 브레인스토밍을 해보면 그들의 마음 한구석에 평소 아쉬움으로 남아 있는 일들을 찾을 수 있을 것이다. 일단 그것이 무엇이든 성공 체험을 하게 되면 더 큰 사업에 대한 자신감을 갖게 된다. 팀 내부적으로는 서로의 노력에 대한 칭찬거리를 찾을 수 있기 때문에 팀 분위기 역시 좋아진다.

퀵윈이 퀵윈 수준으로만 그치는 것은 아니다. 퀵윈은 빅윈으로 가는 징검다리와 같은 역할을 한다. 2007년 프로야구단 SK 와이번스는 스포츠에 엔터테인먼트 요소를 가미한 스포테인먼트를 선언하고 야구단의 대대적인 혁신을 선언했다. 그리고 가장 먼저 추진한 일은 프런트 직원들이 손수건을 휴대하고 다니는 것이었다. 고객들이 야구장에서 자리를 찾아 앉을 때 의자의 청소 상태를 믿지 못해 휴지로 의자의 먼지를 닦는 모습에서 착안한 아이디어였다. 경기 전 직원들은 스타디움을 이곳저곳 돌아다니며 고객들의 자리를 안내해주면서 손수건으로 먼지를 닦아주었다. 이와 더불어 야구장 내에 인천의 유명 맛집을 적극적으로 유치하였다. 고객에게 야구 이외의 먹는 즐거움을 더해주기 위해서다.

그리 크다 할 게 없는 작은 변화였지만 고객들의 반응이 아주 좋았고 이를 통해 더 큰 변화의 자신감과 추진력을 얻을 수 있었다. 이후 더욱 적극적으로 고객들을 위한 다양한 서비스 아이디어를 찾아 하나씩 실행에 옮겼다. 이러한 노력의 결과 오늘날 SK 와이번스는 국내 프로 스포츠에서 볼거리, 놀거리가 많은 선도적인 팬 서비스를 제공하고 있다.

당신 주위에도 큰 비용이나 큰 수고가 들지 않지만 쉽게 변화를 느끼게 해줄 일들이 숨어 있을 것이다. 팀장이 된 지금, 그것을 찾아 추진해보라.

# 목표를 달성하지 못하는 7가지 원인

> " 팀의 성과가 안 나서 고민입니다. 연초에 계획한 팀의 목표가 있는데 현재는 한참 미달인 상태입니다. 어떻게든 계획한 목표에 다가가야 하는데, 뭘 어떻게 해야 할지 많이 혼란스러운 상황입니다. 이럴 때 참고할 수 있는 뭔가가 있으면 좋겠습니다. "

이 세상에 존재하는 모든 조직은 목표를 가지고 있다. 그리고 조직의 가장 큰 스트레스 상황은 아마도 목표 미달 상황일 것이다. 처음 세운 목표와 현재 달성 수준을 전문용어로 퍼포먼스 갭(Performance Gap)이라고 한다.

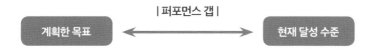

어떤 조직이든 퍼포먼스 갭이 발생하게 되면 그것의 원인을 찾아서 해결하고자 한다. 하지만 이 단계에서 중요한 것은 원인 분석이

정확하게 이뤄져야 한다는 점이다. 팀장은 팀의 퍼포먼스 갭이 발생하면 가장 먼저 그것의 명확한 원인이 무엇인지 정의할 수 있어야 한다. 원인 분석이 명확하게 이뤄진다면 해결책은 쉽게 만들어 낼 수 있을 것이다. 하지만 원인 분석은 말처럼 쉬운 일이 아니다. 여러 가지 원인이 워낙에 다양하고 복합적으로 작용하는 경우가 많기 때문이다. 조직의 목표 미달 상황에서 참고할 수 있는 퍼포먼스 갭의 일곱 가지 카테고리를 제시한다.

퍼포먼스 갭의 원인

1. 구성원의 역량 부족

2. 방향성의 혼란

3. 구성원의 동기 부족

4. 구성원의 번아웃 상황

5. 유관 부서의 협력·지원 부족

6. 물적·인적 자원의 부족

7. 기타 환경적 제한 사항

## | 목표 미달의 정확한 원인 파악이 가장 중요하다 |

첫째, '구성원의 역량 부족'이다. 구성원의 업무 수행 역량이 부족하거나 결여된 상태로, 무엇이 중요한지 모르고 무엇을 해야 할지 모른다. 그렇기 때문에 업무 수행 과정에서 우왕좌왕하거나 잦은 실수를 범하는 경우다.

둘째, '방향성의 혼란'이다. 어떤 일을 어떤 식으로 처리해야 할지 의사결정이 명확하지 않거나 조직 내 여러 의견이 혼재하거나 충돌하여 혼란에 빠진 상태다. 대체로 의사결정 사항이 명확하지 않거나, 제때에 의사결정이 안 이루어지거나, 결정사항이 자주 바뀌거나, 권한위임이 제대로 이루어지지 않은 상황에서 발생한다.

셋째, '구성원의 동기 부족'이다. 쉽게 말해 구성원이 일하고 싶은 마음이 별로 없다는 의미다. 동기 부족의 원인은 크게 사람 측면과 일 측면이 있다. 사람 측면의 동기 부족은 사람 숫자만큼 다양한 것이어서 여기에서 다루기에는 적절치 않다. 일 자체로만 따져 본다면 원인은 크게 다음의 세 가지다. 별로 하고 싶은 일이 아니거나, 자기가 해야 할 일이 아닌데 강제로 떠맡게 되는 일이거나, 잘해 내더라도 그것을 통해 얻을 게 별로 없는 일인 경우다.

넷째, '구성원의 번아웃 상황'이다. 조직 내 쓸데없는 일들이 많아 구성원의 에너지를 불필요하게 소진하거나, 구성원을 짜증나게 하는 스트레스 상황이 많거나, 구성원이 이전의 과다한 일로 심신이 지쳐 있는 경우다.

다섯째, '유관 부서의 협력·지원 부족'이다. 조직에서 혼자만의 힘으로 이룰 수 있는 성과는 거의 없다고 보면 된다. 유관 부서와의 유기적인 협력이 이뤄져야 하는데 유관 부서들 또한 다들 사정이 있어 뜻대로 움직이는 일은 별로 없다.

여섯째, '물적·인적 자원의 부족'이다. 제아무리 자원이 풍족한 조직도 늘 물적·인적 자원의 부족함을 느낀다. 조직에서 자원은 늘 부족한 것이 당연해서 이를 퍼포먼스 갭의 원인으로 이야기하는 것은 어쩌면 적절치 않을 수도 있다. 하지만 극단적으로 물적·인적 자원이 부족한 상태일 수도 있으므로 원인 중 하나로 제시한다.

마지막으로 '기타 환경적 제한 사항'이다. 모든 것이 갖춰져 있지만 근본적으로 그 일이 안 될 수밖에 없는 외부 환경의 제한 사항이 존재한다면 목표 달성은 당연히 어려워질 것이다. 법적·제도적 규제 등이 대표적인 예일 것이다.

퍼포먼스 갭이 발생할 때 무엇이 주된 원인인지 통 알 수가 없다면 일단 상기의 일곱 가지 원인을 보면서 어디에 해당하는지 체크해 보면 도움이 될 것이다. 물론 상기의 일곱 가지 원인 가운데 딱 한 가지만 해당하면 편할 순 있겠지만 대체로 퍼포먼스 갭은 여러 가지 원인이 복합적으로 작용하여 나타난다.

원인을 파악했다고 해서 문제를 해결할 수 있는 것은 당연히 아니다. 근본 원인을 찾았지만 해결책이 없는 경우도 많다.

아무튼 앞에서 퍼포먼스 갭의 주요 원인을 찾았다면 이후에는 어떤 일을 해야 할까? 당연히 구체적인 해결책을 찾아야 할 것이다. 각 원인별로 해결 아이디어는 다음과 같다.

| 퍼포먼스 갭의 원인별 해결 아이디어 |

| 구분 | 해결 아이디어 |
|---|---|
| 구성원의<br>역량 부족 | • 구성원의 어떤 역량이 부족한지를 파악한다.<br>• 부족한 역량을 채울 수 있는 적절한 방법을 찾아 수행한다.<br>  (예: 전문가 초빙 교육, 내부 세미나, 코칭, 관련 매뉴얼 학습 등)<br>• 외부의 벤치마킹 대상을 찾아 학습한다. |
| 방향성의<br>혼란 | • 당사자들이 모여 일하면서 존재하는 모든 혼란 상황을 정리해본다.<br>• 논의를 통해 각각의 혼란 상황을 명확히 정리하는 시간을 갖는다.<br>• 상부에서 결정할 수 없는 일은 현장 구성원에게 과감히 위임한다. |
| 구성원의<br>동기 부족 | • 일의 목적과 의미에 대한 대화를 충분히 나눈다.<br>• 일을 통해 배울 수 있는 것과 얻을 수 있는 혜택에 대해 이야기한다. |
| 구성원의<br>번아웃 상황 | • 구성원을 지치게 하는 쓸데없는 일을 찾아 줄이거나 제거한다.<br>• 구성원이 스트레스를 받는 상황을 파악하여 해소해준다.<br>• 시간과 노력을 과하게 쓰게 하는 일들을 찾아 자동화 또는 효율화한다.<br>• 지친 구성원에게는 휴가 등 회복의 시간을 제공한다. |
| 유관 부서의<br>협력·지원<br>부족 | • 유관 부서로부터 어떤 협력·지원을 받을지 명확히 한다.<br>• 유관 부서의 장을 만나 도움을 요청한다.<br>• 평소 유관 부서와의 신뢰적 관계를 형성한다. |
| 물적·인적<br>자원의 부족 | • 자원을 확보할 수 없는 상황이라면, 자원을 적게 들이면서 목표를 달성할 수 있는 아이디어를 찾는다. |
| 기타 환경적<br>제한 사항 | • 환경적 제한 사항이 무엇인지 명확히 하고 그것을 해결할 수 있는 방법을 찾는다.<br>• 만약 환경적 제한 사항을 도저히 해결할 수 없는 상황이라면 더 늦기 전에 과감하게 새로운 접근 방법을 찾는다. |

## | 무엇보다 팀의 사기와 자신감이 중요하다

팀이 목표 미달 상황일 때 진짜 심각한 것은 팀의 사기도 함께 떨어질 수 있다는 점이다. 팀원들은 서로 민감해지고 자신감을 잃고 위축되기 쉽다. 이런 상황에서 팀장은 무엇보다 팀 분위기가 침체되지 않도록 해야 한다. 팀 분위기는 팀의 에너지 원천이다. 팀의 성과는 외부 환경에 따라 부침이 있을 수 있지만 팀 분위기는 한번 가라앉아버리면 잘 회복이 되지 않는다. 어려운 상황일수록 팀원들이 자신감을 잃지 않도록 해야 하고 서로 격려하는 분위기로 팀의 사기를 높여야 한다.

목표 미달 상황은 팀장이 더욱 열심히 뛰어야 하는 상황일 수도 있다. 시키는 일보다는 팀장이 직접 나서서 막힌 곳을 뚫어주어야 한다. 상기의 일곱 가지 퍼포먼스 갭의 원인을 보면 사실 대부분 팀장이 관여해야 하는 일들임을 알 수 있을 것이다.

더불어 팀원들과 함께 머리를 맞대고 해결책을 찾는 노력을 해야 한다. 경우에 따라 해도 해도 안 될 때가 있다. 그럴 때는 앞에서 언급한 것처럼 큰 것보다는 작게라도 성과를 확실히 보여줄 수 있는 퀵윈 과제를 찾는 접근이 효과적이다. 무엇보다 팀의 사기와 자신감이 중요하기 때문이다.

# 일을 줄여야 성과가 난다

> " 우리 팀장은 종종 사고를 칩니다. 어디선가 업무를 잔뜩 물어옵니다. 자발적으로 손 들고 가져오는 것인지 신임 팀장이라고 떠밀려 맡게 된 것인지는 모르겠지만, 이런 팀장의 모습이 팀원들을 너무 지치게 만듭니다. 당장 기존에 해야 할 일들도 산더미인데…. 우리 팀장님 좀 말려주세요! "

팀을 맡게 되면 한 가지 큰 욕심이 생기게 마련이다. 그것은 팀에 큰 변화를 만들어보고 싶은 의욕이다. 기존에 존재하지 않은 새로운 일을 추진해보고 싶기도 하고 팀 문화 자체를 뜯어고치고 싶은 마음도 들 것이다. 그런데 이런 변화가 그리 녹록지 않으며 대개 실패하는 경우가 많다.

흔히 조직의 변화를 추구할 때 시도하지만 대부분 실패하는 대표적인 유형 하나를 소개한다. 그것은 뭔가 새로운 일을 기획하여 추진하는 것이다. 언뜻 보기에 이 자체로는 문제가 없다. 하지만 문제는 팀이 일을 추진할 여력이 없다는 점이다.

　이미 팀은 기존의 일만으로도 숨 쉴 여유가 없다. 여기에 뭔가 새롭게 더해진다면 어떤 결과가 나타나겠는가? 자연스레 더 많은 노동 시간이 필요하게 된다. 이런 상황이 팀원들에게 반가울 리가 없다. 구관이 명관이라는 말이 여기서 나온다. 변화의 패러다임을 바꿔야 한다. 진정 팀의 변화를 원한다면, 그리고 그 변화의 성공을 원한다면 무엇을 해야 할지 고민하기보다 무엇을 하지 말아야 할지 먼저 고민하는 것이 더 바람직하다. 근래 세상을 바꾸는 혁신적인 상품을 보면 뭔가를 더하기보다는 기존에 존재하던 뭔가를 제거한 결과 탄생한 경우가 많다.

　예를 들어 애플사에서 만들어지는 모든 상품을 보면 외형적인 디자인 측면에서 단순하기 그지없다. 당연히 있어야 한다고 생각해왔던 복잡한 버튼과 기능을 제거하고 이를 소비자 관점에서 쉽고 직관적으로 사용할 수 있는 형태로 바꿨다. 애플사는 세상에 진정한 혁신이 무엇인지를 자신들이 직접 디자인한 상품으로 보여주고 있다. 또한 디자인 회사 허먼 밀러가 만들어 유명해진 에어론이라는 이름을 가진 의자는 기존의 의자에 붙어 있던 쿠션을 제거하면서 의자의 혁신을 만들어냈다. 이 외에 날개 없는 선풍기, 열쇠 없는 자동차 키와 같은 상품도 존재하던 것을 제거하여 만들어진 혁신의 대명사다.

　이는 상품에만 국한된 문제가 아니다. 무엇을 더할까를 고민하기보다 무엇을 뺄까를 고민하는 것이 혁신에 더욱 합리적인 접근이다.

## | 일은 줄이고 고민은 예리하게 |

신 팀장은 팀장이 되기 전 팀원이었을 때를 잘 기억하고 있다. 팀원 시절 자신을 힘들게 했던 일만큼은 자신의 팀원들에게 시키고 싶지 않았다. 가장 먼저 그의 머릿속에 떠오른 것은 보고서였다. 스테이플러의 심이 들어가지 않을 정도로 두툼한 보고서 작성을 위해 야근을 하며 필요 이상의 에너지를 허비하고 있다는 생각을 지울 수가 없었다.

그래서 팀장이 되고 나서 가장 먼저 한 일은 보고서의 혁신이었다. 팀에서 만들어지는 모든 보고서는 절대 한 페이지를 넘기지 않도록 했다. 팀장이 꼭 알아야 할 핵심적인 내용만 담고 나머지는 모두 구두로 커뮤니케이션하기로 정한 것이다. 이와 동시에 팀원 모두가 참여하는 주례 회의도 단 1회 금요일 오후 시간으로 정했다. 대개 주례 회의는 월요일 오전에 진행되는데, 모두가 피로감을 느끼는 월요일 아침에 굳이 회의할 이유를 찾지 못했기 때문이다.

또한 팀원들에게 가급적 정시 퇴근을 하라는 요청을 했다. 오래 일할 것이 아니라 보다 효과적으로 일해 달라는 당부를 곁들였다. 업무 시간 내 보고나 회의로 인해 허비하는 시간만 줄여도 정시 퇴근은 충분히 가능한 일이라고 판단했기 때문이다.

이러한 변화는 팀원들의 호응을 얻었다. 팀원 역시 늘 불합리한 일이라고 생각했던 점을 팀장이 개선해주니 새로운 팀장에 대한 신뢰가 쌓이게 됐다. 누가 봐도 눈에 보이는 변화이면서 동시에 팀 내 존재하는 비효율을 제거하는 접근이었기 때문이다. 팀원들의 정시 퇴근을 방해하는 요소들을 하나씩 줄이고 제거함으로써 팀원의 업무 효율도 높이고 의욕도 고취할 수 있었다. 두툼한 보고서를 한 페이지로 줄이는 일은 시간보다 고민의 양이 많아야 가능한 일이다. 직원들은 정시에 퇴근하면서도 일에 대한 예리한 감각은 더 키워야 했다. 이러한 변화와 팀원의 높은 사기는 연말에는 팀의 좋은 성과로 이어졌다.

이와 같이 업무 프로세스 관점에서 비효율을 제거하는 접근도 있지만 기존에 팀이 추진하던 사업에서 비효율을 찾아 제거하는 방법도 있다. 파레토 법칙으로 유명한 '80-20 법칙'에 대해서는 이미 잘 알고 있을 것이다. 80퍼센트의 성과는 20퍼센트의 핵심적인 일에 의해 결정된다는 이야기다. 이 법칙에 따르면 팀의 성과 대부분은 20퍼센트의 핵심적인 활동에 의해서 창출되는 것이다. 따라서 팀장은 팀의 대부분의 성과를 만들어내는 핵심적인 20퍼센트가 무엇인지도 알아야겠지만 동시에 팀 성과에 전혀 기여하지 못하는 20퍼센트의 일이 어떤 것인지도 알아야 한다.

이러한 20퍼센트의 일은 현재 팀 성과에도 보탬이 되지 못하고 앞으로도 도움이 될 가능성이 없는 일이다. 팀의 미션을 중심에 놓고 어떤 일이 팀의 에너지를 불필요하게 소모하고 있는지를 파악하여 이를 없애거나 자동화할 방법을 강구해야 한다.

기존에 존재하는 비효율을 제거하게 되면 팀에 인력과 자원의 여유가 생긴다. 이러한 여유는 팀에 새로운 일을 추진할 수 있는 공간을 제시한다. 팀원들도 비로소 변화의 중심으로 뛰어들 여력을 갖게 되는 것이다.

이때 중요한 것은 사업 아이디어다. 사업 아이디어를 구상할 때 가장 중심에 두어야 하는 대상은 당연히 고객이다. 팀에 가장 중요한 고객이 누구이며 고객이 원하고 불편해하는 것이 무엇인지 정확히 아는 것이 중요하다. 고객과 직접 인터뷰를 하거나 설문을 통해 그들의 잠재 니즈가 무엇인지를 파악해야 한다.

그런데 여기서 한 가지, 고객은 자신들에게 무엇이 필요하고 무엇을 불편하게 생각하는지 잘 알지 못한다는 점이다. 필자인 나는 어린 시절 '깡촌'에서 살았다. 깡촌의 대명사라고 하면 바로 재래식 화장실이다. 하지만 나는 어린 시절 재래식 화장실이 냄새가 난다거나 불편하다고 생각해본 적이 없다. 왜냐하면 오랜 기간 사용해왔기에 원래 화장실은 그렇게 생긴 줄로만 알았다. 그러다 내가 재래식 화장실이 불편하다는 것을 깨달은 계기가 있었는데 그것이 무엇이었을 것 같은가? 바로 서울 친척 집에 여행을 왔을 때다. 서울 친척 집의 수세식 화장실을 경험하고 나서야 비로소 시골에 있는 우리 집의 재래식 화장실에 문제가 있다는 것을 깨닫게 되었다.

고객은 자신이 겪는 익숙한 불편함에 늘 적응하며 사는 존재다.

그래서 고객은 스스로 무엇을 원하는지를 잘 모른다. 따라서 이러한 고객의 잠재 니즈를 파악하는 방법으로는 심층 인터뷰(in-depth interview), 관찰(observation), 길거리 관찰(town-watching), 그림자 조사(shadowing), 고객 되어보기(be the customer) 등이 있다. 여기서 내가 강조하고 싶은 방법은 '고객 되어보기'다.

대개 팀에서 어떤 사업 아이디어를 구상할 때 탁상공론 수준에 그치는 일이 너무나 많다. 고객의 관점에서 생각하지 못하고 "이런 걸 하거나 만들면 고객이 좋아할 거야"라는 식의 지극히 자기 편협적 시각에서 벗어나지 못한다.

고객에 대해서는 이미 잘 알고 있다는 시각이 가장 큰 문제다. 하지만 고객의 니즈는 지금 이 순간에도 바뀌고 있다. '고객 되어보기'는 온전히 고객 입장에서 온몸의 촉각을 곤두세우고 직접 고객 체험을 하는 것이다. 이것을 기본으로 고객이 있는 곳에 가서 관찰, 심층 인터뷰, 고객을 따라다니는 그림자 조사 등의 방법으로 보완하면 틀림이 없을 것이다.

따라서 팀장은 팀원들을 사무실에 머물게 해서는 안 된다. 사무실은 팀원 간 소통의 공간으로만 활용하고 팀원들이 고객과 함께 많은 시간을 보낼 수 있도록 해야 한다. 팀장 역시 가장 오래 머물러야 할 곳은 바로 고객이 머무는 곳이다. 흘러간 옛 경험으로 미래를 결정하지 않으려면 말이다.

# 팀원이 24시간 쉬지 않고 일을 한다고?

> " 주 52시간의 시대가 되었습니다. 팀원들이 예전처럼 열심히 일하지 않습니다. 퇴근 시간이 되면 1분도 회사에 더 있으려고 하지 않아요. 팀원들로 하여금 일을 열심히 하게 하려면 어떻게 하면 좋을까요? "

팀원들이 밤늦게까지 남아 일을 하고 있다. 심지어 휴일에도 나와서 일한다. 이렇게 일하는 팀원들을 보면 당신은 어떤 느낌이 드는가? 혹시 믿음직한 팀원들과 일하고 있다는 느낌이 드는가? 혹시 그들이 한없이 대견하게 느껴지는가? 만약 그렇다면 당신은 지독히도 옛날 사람이다. 일터에서 앉아 일하는 시간의 양으로 경쟁하던 시대는 이미 2000년대 이전에 끝났기 때문이다.

일하다 보면 어쩔 수 없이 밤늦게까지 할 수도 있고 휴일에도 나와서 해야 하는 상황이 있다. 일의 속성상 일의 양이 항상 고르게 퍼져 있는 것이 아니기 때문이다. 하지만 습관적으로 야근이나 휴일 근무가 반복되는 상황이라면 팀장은 이를 심각한 문제로 인식해야 한다. 잘 쉬어야 일도 잘할 수 있는 것이다. 사람은 전원을 켜면 항상 불이 들어와 있는 전구와 같은 존재가 아니다. 사용할 수 있는 에너지가 정해져 있고 그 에너지를 다 쓰고 나면 다시 채워줘야 한다.

휴일 근무와 야근이 많은 조직을 보면 대개 정규 업무 시간의 업무 몰입도가 낮은 경향이 있다. 이러한 일이 계속되면 업무 품질 저하는 물론 직원들이 나가떨어지게 된다. 만일 팀에서 습관적인 휴일 근무와 야근이 발생하고 있다면 팀장은 다음 네 가지 사항을 체크해야 한다.

첫째, 팀 내부에 불필요한 업무 프로세스나 업무가 존재하는 것은 아닌지 체크해야 한다. 둘째, 팀원들의 업무 몰입도를 체크해야 한다. 셋째, 팀원들의 역량 수준을 체크해야 한다. 그래서 업무를 처리하는 데 필요 이상의 시간과 자원이 투입되고 있는 것은 아닌지 확인해야 한다. 마지막으로 이것도 저것도 아니라면 사람이 부족한 것이다. 인원 충원을 고려해야 할 것이다.

과거에는 리더의 자리가 항상 창가 근처나 사무실 구석이었다(물론 오늘날에도 이런 곳이 많다). 이런 자리의 공통적인 특징은 직원들의 일하는 모습을 한눈에 관찰할 수 있다는 점이다. 팔짱을 끼고 앉아 누가 열심히 일하고 누가 열심히 안 하는지 눈으로 관찰을 했다. 이런 시대는 유능한 직원이 되는 것이 상대적으로 쉬웠다. 그저 남보다 열심히 오랫동안 남아 일을 하면 되기 때문이다.

하지만 이제 무식하게 자리에 앉아 있는 시간으로 승부하는 시대는 끝났다. 몰입의 대가인 서울대학교 황농문 교수는 이를 'Work

Hard'에서 'Think Hard' 시대로의 전환이라고 설명한다. 이제 리더에게 새삼 요구되는 역할은 구성원이 'Think Hard'를 할 수 있는 여건을 마련해주고 구성원의 두뇌를 건강한 상태로 유지해주는 것이다.

## 현명한 리더는 구성원의 두뇌를 경영한다

두뇌가 사람의 체중에서 차지하는 비율은 불과 2퍼센트밖에 되지 않지만 두뇌가 사용하는 에너지의 양은 최대 23퍼센트에 이른다. 그런데 우리 몸은 생존을 위해 에너지 소모를 최소화하는 방향으로 움직이는데, 두뇌 역시 에너지 소모를 줄이기 위해 뭔가를 떠올릴 때 새로운 것보다는 주로 사용해온 것을 꺼내 준다. 확실히 이게 덜 피곤한 방식이다. 그리고 이렇게 나온 생각들은 고정관념 또는 스테레오 타입이라고 불리기도 한다.

같은 공간에서 오래 머무르다 보면 두뇌에 새로운 자극이 일어나지 않는다. 늘 하던 생각에서 벗어날 수가 없다. 오랫동안 뭔가 한 것 같지만 일의 결과의 차이는 그 나물에 그 밥이요, 오십보백보 수준을 벗어나기 어렵다.

현명한 리더는 구성원이 시간이 아니라 두뇌로 승부를 겨루게 한다. 두뇌로 승부하게 하는 리더는 다음의 세 가지 행동을 한다.

첫째, 구성원의 두뇌가 충분한 휴식을 취할 수 있도록 해준다. 휴가는 물론 일과 후의 시간을 철저히 보장한다. 사람의 두뇌는 건강과 음식에 신경을 쓴다면 나이가 들어서도 늙지 않는다. 그런데 만성적인 피로와 스트레스를 느끼면 신경세포끼리 정보를 교환하는 시냅스가 손상되어 뇌 기능 저하로 이어진다. 하지만 운동 등을 통해 좋은 감정 상태에 놓이게 되면 건강해진다. 지금 당신이 몸담은 조직이 창의적이고 아이디어로 승부하는 곳이라면 구성원의 정시퇴근과 휴가 등의 리프레시 활동이 제대로 이루어지고 있는지 점검해보라.

둘째, 개인의 역량 강화나 취미생활을 위한 교육 참가 기회나 다양한 커뮤니티 참여를 장려한다. 나는 특히 리더가 이런 기회를 많이 가져야 한다고 생각한다. 우리나라 리더들의 가장 심각한 문제는 뭘 배우려 하지 않는다는 점이다. 스스로 너무 많이 안다고 생각해서일까? 무엇이든 배워라. 그리고 직원들에게도 새로운 활동을 할 것을 적극적으로 권장하라. 그러면 새로운 자극으로 삶의 에너지도 충전된다.

셋째, 구성원의 머릿속에 고민거리를 던져 놓는다. 다시 말하면 두뇌에 질문을 넣어주는 것이다. 두뇌는 질문에 의해 움직인다 해도 과언이 아니다. 질문이 없으면 멈춰 서 있고 질문이 들어오면 움직인다. 이것은 본인 의지와는 상관이 없다. 생각하고 싶지 않아도 질문이 들어오면 자연스럽게 생각하는 것이 두뇌의 특성이다. 이런 경우는 별로 좋다고 할 수는 없지만 혹시 휴가를 가서도 머릿속에 일이 떠나지 않았던 경험을 해본 적이 있지 않은가? 모든 것을 잊고 편히 즐기려고 해도 두뇌는 말을 듣지 않는다. 그 이유는 두뇌가 24시간

움직이기 때문이다. 우리가 머리를 쓰지 않아도 두뇌는 23퍼센트의 에너지를 항상 소모하는 데, 알려진 이유로는 두뇌의 잠재의식 부분이 항상 가동하고 있기 때문이다. 머릿속에 또렷한 고민 한 가지가 들어 있으면 그것을 해결하기 위해 두뇌는 의식 부분과 무의식 부분을 총동원해 답을 찾기 위해 쉴 새 없이 움직이는 셈이다.

아르키메데스가 목욕을 하다 "유레카"를 외친 것도, 어느 순간 갑자기 생각지도 않게 무릎을 '탁' 치는 아이디어가 떠오르는 것도 바로 이런 이유다. 잠결에 아이디어가 떠오르는 것도 이런 이유다.

팀원 한 명, 한 명과 대화를 나눠보자. 그래서 각각의 머릿속에 전문성이나 아이디어를 개발해줄 수 있는 고민거리 한 가지를 그의 두뇌에 새겨 넣자. "이거 한번 고민해보면 어떨까? 이 주제로 팀에서 연구 발표를 한번 해주세요" 등과 같이 말이다. 팀원이 평소 모호하게 고민하고 있던 것을 보다 선명하게 해주든지, 그가 고민거리를 갖고 있지 않다면 그를 도와서 고민거리를 만들어주어야 한다.

내가 존경하는 분의 말버릇 하나를 소개한다. 그는 나를 만날 때마다 빙긋이 웃으며 첫인사로 이런 질문을 한다.

"요즘은 무슨 고민을 하고 있지?"

이 질문은 묘한 마력을 가지고 있다. 평소에 없던 고민도 이상하게 이 질문을 받고 나면 고민거리가 생겨난다. 처음에는 "에이, 별 고민 없습니다"라고 답변하지만 뒤돌아서서는 "요즘 나에게 가장 중요한 고민이 뭘까?"를 자연스레 고민하게 되기 때문이다.

사람의 두뇌는 애매모호한 고민에 대해서는 움직이지 않는다. 아니 움직이지 않는다기보다는 혼란을 느낀다는 표현이 맞을 것이다. 머리만 아프고 답을 찾기가 어렵다. 인터넷 검색창에서 원하는 정보를 찾으려면 명확한 키워드를 입력해야 하는 것과 같은 이치다.

고민이 선명해지면 두뇌는 물 만난 고기와 같다. 두뇌를 100퍼센트 가동시켜 결국 답을 찾아낸다. 진정 현명한 리더는 구성원의 시간을 붙잡아두는 사람이 아니라 두뇌가 최적으로 움직이게 돕는 사람이다. 구성원으로 하여금 한두 시간 더 일하게 하려고 하지 말라. 구성원 입장에서는 좀 잔인한 이야기일지 모르지만 고민을 갖게 하면 구성원은 24시간 일을 한다.

# 유관 부서와 적극적으로 소통하라

"우리 팀장은 유관 부서와 사이가 안 좋습니다. 팀의 성과가 우리만 잘
한다고 해서 나오는 것도 아닌데…. 뭐든지 우리 뜻대로만 하려고 하
는데 회사에서 그게 어디 가능한 일인가요? 유관 부서가 도와주지 않
으면 절대 안 되거든요."

별명이 싸움닭인 팀장이 있었다. 그는 매우 열정적으로 일하
고 사리가 분명한 사람이었다. 시원시원한 그의 성격을 좋아하는 사
람도 있었지만 말이 통하지 않는 사람으로 치부돼 적도 많았다. 이
런 그가 팀장으로 승진했다. 팀장이 되어서도 이런 성격은 어디 가
지 않았다. 특히 이해관계가 첨예한 다른 팀과의 사이가 점점 벌어
지기 시작했다. 그가 팀원들을 모아놓고 한마디씩 던지는 말에 팀원
들은 머리가 지끈지끈했다.

"걔네, 아무 생각이 없는 애들이야. 걔네 말 듣지 마. 우리 생각대
로 하면 돼."

팀원들은 이러지도 저러지도 못하고 속만 끓였다. 사내에서 팀의 이미지가 갈수록 안 좋아지고 있고 함께 일하고 싶어 하는 팀도 없었다. 팀장이 나서 해결해도 시원찮을 판에 오히려 일에 초를 치고 다니는 형국이었다.

회사의 성과는 우리 팀만 잘해서는 나오지 않는다. 도움을 주고받는 상호작용 속에 집단 시너지가 창출되고 그 속에서 팀의 성과도 챙길 수 있는 것이다. 이를 위해서 리더로서 팀장의 역할이 중요하다. 팀장의 역할은 자신의 팀과 다른 팀을 연결하는 고속도로를 놓는 것이다.

이를 위해서는 먼저 팀장 스스로가 타 팀과 긍정적인 관계를 형성하고자 하는 강한 의지를 가지고 있어야 한다. 한 연구 결과에 따르면 직장인의 90퍼센트 이상이 부서 간 장벽을 느낀 경험을 가지고 있는 것으로 나타났다. 그리고 이러한 부서 간 장벽으로 인해 나타나는 부작용은 다음과 같았다.

부서 간 장벽으로 인한 부작용

- 불필요한 업무 증가
- 직원들의 스트레스 증가
- 부서 간 관계 악화
- 애사심 저하
- 프로젝트 실패 등의 경제적 손실 등

## | 유관 부서와의 소통은 팀장이 할 일이다 |

팀이 성과를 창출하려면 팀장은 상하좌우(上下左右)와 신뢰 관계를 형성할 수 있어야 한다. 상(上)의 의미는 상사를 뜻한다. 예를 들면 팀 조직 위의 본부장 등 팀장이 만나는 모든 상사들을 의미하며 그들과 신뢰 관계를 형성할 수 있어야 한다. 그래야 필요한 자원을 지원받을 수 있고 뜻한 일을 추진할 수 있다.

하(下)의 의미는 팀원들이다. 팀원들과 신뢰 관계를 형성해야 한다. 모두가 리더라는 호칭을 사용할 수 있지만 진짜 리더가 있고 가짜 리더가 있다. '기꺼이 뒤따르는 사람들'이 있는 리더가 진짜 리더다. 좌(左)의 의미는 회사 외부의 비즈니스 파트너. 협력사 등 다양한 이름으로 불리기도 하는데 이들과 협력적이고 신뢰적인 관계를 형성하지 않으면 상품 및 서비스의 품질이 나빠진다. 마지막으로 우(右)의 의미는 사내 유관 부서를 뜻한다. 사내 유관 부서로부터 적절한 지원을 받아야 팀의 성과를 만들어낼 수 있다. 사내 유관 부서는 같은 편일 수도 있지만 성과를 놓고 다투는 경쟁 관계이거나 서로의 이해가 첨예하게 대립할 수 있다는 점에서 어쩌면 외부의 비즈니스 파트너보다 훨씬 더 어려운 관계일 수 있다.

내가 여기에서 강조하고자 하는 것은 바로 우(右)와의 관계다. 유관 부서와의 관계 형성은 팀원에게 시킬 일이 아니다. 가장 어려운 일이고 대개 팀장이라는 직위가 필요한 일들이 많기 때문이다. 만약 조직간 함께 해결해야 하는 이슈가 발생했다면 팀원을 보낼 것이 아니라 팀장이 발 벗고 나서 조정하고 해결해야 한다. 조직 간에 발생한 매듭은 의사결정 권한을 가진 조직의 장들이 서로 만나 해결하는 것이 가장 빠르고 효과적이다. 그런데 많은 조직이 우(右)의 관계를 방치하거나 소홀하게 처리하는 일이 많다. 그러다 보니 조직 간 교류가 없거나 부족하며 서로 협력하지 않는 '조직 사일로(Organizational Silos)'가 발생하는 것이다. 조직 사일로가 발생하는 가장 대표적인 이유는 단연 '직책자들의 방관 및 협력 부재'다. 팀원 입장에서는 다른 팀의 팀원들과 협력해서 일하는 것이 훨씬 더 편하고, 협력하지 않을 이유가 없다. 하지만 팀장이 다른 조직의 팀장과 관계가 좋지 않으면 팀원들이 일하기가 몹시 힘들어진다. 팀장이 다른 팀과 협력할 생각이 없을 때 팀원들이 할 수 있는 일은 없다. 또한 팀이 아무리 일을 많이 하고 성과가 좋아도 팀장이 독불장군 이미지라면 팀은 자연스럽게 같은 이미지를 갖게 된다. 팀장은 팀의 얼굴이다. 고생하는 팀원들에게 누를 끼치지 않기 위해서라도 다른 조직과 긍정적인 관계를 형성하기 위한 노력을 아껴서는 안 된다.

다른 팀과 협력관계를 형성하기 위해서는 팀장의 보다 주도적인 태도가 필요하다. 협력이라는 말은 조직에서 가장 많이 사용되는 용어임과 동시에 가장 사람들을 실망시키는 용어이기도 하다. 대의적으로 협력은 반드시 이뤄져야 하지만 현실에서는 이처럼 잘 안 되는 것도 없기 때문이다.

회사에서 일하다 보면 유독 '사장님 지시사항'이라는 꼬리표를 달고 있는 일이 참 많다. "사장님이 특별히 지시하신 사항이니 꼭 협조

해주셔야 합니다"와 같은 말로 협력을 은근히 강요한다. 워낙에 이런 일이 많다 보니 조직 생활의 경험이 좀 있는 사람에게는 씨알도 먹히지 않는다. '사장님 지시사항'이라는 말로 협력을 강요하는 일이 많아지는 것은 그만큼 회사 내부의 조직 간 협력이 어렵다는 방증일 것이다.

조직에서 진정한 협력이 이뤄지기 위해서는 '협력'이라는 말보다 주체적이고 적극적인 용어가 필요하다. 협력이라는 용어는 종종 이기적으로 사용되어 협력하기보다는 협력을 받을 것을 먼저 생각하게 하기 때문이다.

이 같은 관점에서 협력의 대체 용어로 사용하고 싶은 말이 있는데 그것은 바로 '도움'이다. 우리 팀이 다른 팀을 도울 때 협력이 일어나고 다른 팀이 우리 팀을 도울 때 협력이 일어난다. 도움의 과정을 통해 협력이라는 결과가 나타나는 것이다. 따라서 우리 팀이 다른 팀을 먼저 도우면 협력이 일어나는 것이고 돕지 않는다면 협력이 일어나지 않는 것이다.

우리 팀이 먼저 도우면 다른 팀으로부터 도움도 받을 수 있다. 반강요에 의해 어쩔 수 없이 도와주는 일도 있는데 대부분 일해 놓고도 감사의 인사를 받기는커녕 욕먹기 십상이다. 기왕이면 요구가 있기 전에 먼저 나서 도와주어라. 그러면 상대로 하여금 빚진 느낌을 갖게 한다. 결과적으로 같은 일에 대해서도 더 크게 인정받고 더불어 당신과 당신의 팀에 대한 평판도 좋아진다.

처음 리더인 당신은 다른 팀과의 끈을 연결하고 이를 더욱 공고히 해야 한다. 이를 위해 사내에 당신의 팀과 관계가 있는 팀들을 모두 찾아야 한다. 그리고 각 팀을 어떻게 도와야 할지를 팀원들과 머리를 맞대고 고민해야 한다. 특히 팀원들에게는 타 팀과 교류할 때 고객 마인드를 잊지 않도록 주의를 주어야 한다. 전화 통화를 할 때나 만나서 업무 협의를 할 때 밝고 상냥한 태도를 잃지 않도록 해야 한다.

불가피하게 우선순위에 밀려 다른 팀을 돕지 못하는 일도 왕왕 발생하는데 밝고 상냥한 태도는 오해를 줄이고 관계가 나빠지는 것을 방지한다. 혹시 당신의 팀이 힘을 가진 팀일 경우라면 더욱 팀원들이 다른 팀에 대해 건방을 떨지 않도록 강조하고 주의를 주어야 한다.


## | 실무자가 아닌 실무자의 윗사람에게 감사를 표하라 |

이제 당신의 팀이 다른 팀으로부터 도움을 받았을 때를 생각해보자. 이때는 설사 아주 작은 것이라 할지라도 그냥 넘겨서는 안 된다. 당연히 감사의 표현을 해야 하고 여력이 있다면 보답도 해야 한다.

예를 들어 당신의 팀원이 다른 팀의 팀원으로부터 업무 수행 과정에서 도움을 받은 일이 있다고 하자. 이때 당신은 무엇을 해야 하겠는가? 팀원 간의 일이라고 이를 그냥 넘겨서는 안 된다. 당신의 팀원을 위해 다른 팀의 팀원이 움직였다면 당신은 그 팀의 자원을 활용한 것이다. 당연히 감사를 표하고 보답을 해야 한다.

조직에서 감사의 표현을 할 때 잊지 말아야 할 원칙이 있다. 그것은 '실무자의 윗사람에게 감사를 표하라'라는 원칙이다. 이는 '하는 듯 마는 듯'이 아니라 '티가 팍팍 나게 감사' 하는 전략이다. 만일 당신의 팀원이 다른 팀의 팀원에게 도움을 받았다면 당사자에게 감사하는 것만으로는 많이 부족하다. 때로는 안 하느니 못하다. 그가 자신의 시간과 노력을 기울여 다른 팀의 팀원을 도왔다면 그는 그만큼 자신의 팀에서 인정받을 수 있는 시간과 노력에 대한 기회비용이 발생한 것이다. 따라서 팀장으로서 당신은 그 사람이 속한 팀의 팀장에게 감사의 표현을 잊지 않아야 한다.

또 할 수만 있다면 그 팀이 속한 상위 조직의 장에게도 감사의 표현을 해야 한다. 이메일을 통해서도 좋고 직접 찾아가도 좋다. 어떤 식으로든 그가 당신의 팀을 도왔던 일이 헛된 일이 되지 않도록 해야 한다.

조직에서 도움 활동이 좀체 일어나지 않는 이유는 도움 활동에 대한 인정과 보상이 따르지 않기 때문이다. 같은 팀 내부에서도 이 같은 문제로 도움 활동이 일어나지 않는데 다른 팀에 대해서는 오죽하겠는가. 당신이 만일 이와 같은 '실무자의 윗사람에게 감사를 표하라'의 원칙을 따른다면 당신의 팀원을 도와준 그는 오히려 당신에게 더 깊은 고마움을 느낄 것이다. 이처럼 감사의 표현을 전략적으로 잘하는 것도 상대를 돕는 것이며, 상대로 하여금 빚졌다는 느낌을 갖게 한다. 이후 당신의 팀원은 다른 팀의 팀원들로부터 보다 수월하게 도움을 받을 수 있게 된다.

내가 아는 팀장은 분기별로 팀에 도움을 준 조직이나 사람에게 감사의 인사와 팀이 함께 먹을 수 있는 피자나 치킨 같은 음식을 보낸다. 팀에 대한 평판이 안 좋을 수가 없다. 사내에 이렇게 다른 조직에 감사하는 팀이 거의 없기 때문이다.

마지막으로 당신의 팀이 다른 팀을 괴롭히고 있는 상황에 대해서도 생각해볼 필요가 있다. 일하다 보면 본의 아니게 다른 조직이나 사람들을 괴롭히거나 귀찮게 하는 일이 발생한다. 이때 팀장은 팀을 대표하여 갈등을 조정하고 사과해야 한다. 팀원끼리의 교류라고 해서 팀원끼리 해결하도록 뒷짐 지고 있는 것은 팀장으로서 제대로 된 처신이 아니다. 다른 조직과 갈등을 일으키고 다니지 말고 당신의 팀과 연관되어 있는 모든 사람에게 먼저 인사하고 감사하고 사과하라.

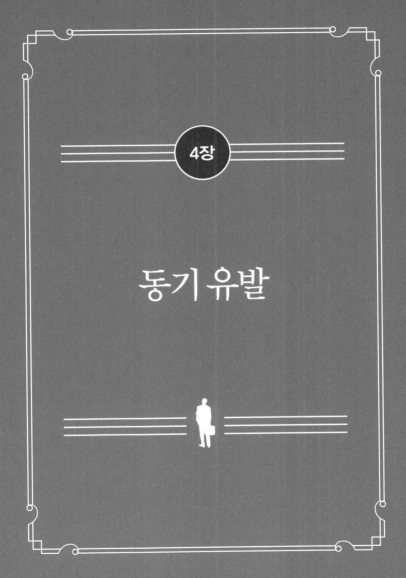

4장

동기 유발

# 직접 본 것이 아니면 믿지 말라

" 팀장이 되고 나니 팀원들에 대한 이런저런 정보가 들려옵니다. 같이

일해보기도 전에 팀원에 대한 선입견이나 편견이 생겨버릴 것 같아

고민이 됩니다. 팀원에 대해 외부에서 들려오는 정보! 어디까지 믿어

야 할까요? 팀원을 보다 잘 이해하려면 어떤 노력을 해야 할까요? "

"나는 안 듣기로 했어."

내가 회사 과장일 때 새로 부임한 나의 팀장에게서 들은 말이다.
당시 나는 이 말이 얼마나 고마운 말이었는지 모른다. 나는 이전 팀
장과 사이가 좋지 않아 직장생활에 큰 위기를 겪고 있었다. 아마도
이전 팀장과 1년만 더 일을 같이 했었어도 회사를 그만두었을 것이
다. 그런데 마침 팀장이 새로운 분으로 바뀐 것이다.

새로운 팀장이 편하게 던진 그 말 한마디가 나에게는 큰 용기가
되었다. 그 말 한마디로 나는 이전 팀장과의 악연을 뒤로하고 새롭
게 출발할 수 있는 계기를 맞게 된 것이다.

새롭게 팀장이 되면 가장 먼저 하는 일 가운데 하나가 함께 일하게 될 사람을 파악하는 것이다. 그런데 이때는 정말 유의해야 하는 점이 한 가지 있다. 함께 일하게 될 팀원들에 대해 이전 팀장이나 주변 사람들로부터 들은 이야기에 의해 팀원 개개인에 대해 편견이나 선입견을 갖게 될 수도 있다는 점이다. 들은 이야기로 사람을 판단하는 일이 있어서는 안 된다. 직접 눈으로 보고 경험한 것이 아니면 믿지 않는 것이 좋다.

낙인 이론이라는 말이 있다. 1960년대에 범죄학에서 처음 소개되어 사회학, 심리학 등의 학문 영역뿐만 아니라 우리 사회 전 분야에 폭넓게 적용되는 이론이다. 이는 어떤 사람에 대해 한 번 부정적으로 인식하면 그것이 낙인으로 남아 오히려 그러한 행동을 더욱 강화시키는 부작용을 일으킨다는 내용이다.

조직에서도 낙인 효과를 빈번하게 확인할 수 있다. 쉽게 말해 한 번 찍히면 영원히 찍힌다. 예를 들면 이렇다. 신입 사원 시절 분위기 파악 못하는 행동 하나 때문에 상사나 선배의 눈 밖에 난다. 그 후 계속 무능한 사원으로 힘겨운 생활을 해나가게 된다. 이것으로 끝이다. 세상에 한 사람에게 이처럼 운 없는 일이 있겠는가?

이렇게 낙인 효과가 지속되는 이유가 무엇일까? 나는 그간의 직장생활 경험을 통해 자신 있게 이에 대한 답을 말할 수 있다. 이는 사람에 대한 관심과 애정이 부족하기 때문이다. 다시 말하면 일을 파악하는 데는 그토록 시간을 많이 투입하면서 일을 하는 사람을 이해하는 데는 너무나도 시간을 아낀다.

지식 창조 사회에서 경영의 가장 중요한 자원은 단연코 사람이다. 조직의 경쟁력은 차별화된 아이디어에서 나오고 아이디어는 바로 사람의 머리와 가슴속에서 나온다. 하물며 작은 물건 하나를 만들려 해도 그것의 속성을 알아야 하듯이 사람을 움직이게 하려면 그 사람에 대한 이해가 필수적이다.

직장인의 삶을 돌아보면 마치 롤러코스터를 타는 것과 같다. 어떤 시점에는 거침없이 하늘 높이 날아올랐다가 어느 시점에는 천 길 낭떠러지로 떨어지듯 곤두박질치고 만다. 이는 대부분 당시 어떤 리더와 함께 일했느냐에 따라 결정된다. 자신을 잘 이해해주는 사람을 만나면 천재처럼 일하고, 그렇지 않은 사람을 만나면 병든 병아리처럼 일하게 된다.

## 험담하는 사람을 경계하라

리더는 사람을 이해하는 데 있어 편한 방법을 사용해서는 안 된다. 여기서 편한 방법이란 남들로부터 주워들은 이야기로 사람을 판단하는 것이다. 사람에 관해서는 눈으로 직접 확인하지 않은 것은 믿어서는 안 된다. 특히 부정적인 이야기에 대해서는 더욱 그렇다. 그이유는 크게 다음의 세 가지 때문이다.

첫째, 부정적인 소문이 더 강하게 들린다. 좋은 소문은 걸어가고 나쁜 소문은 날아간다는 속담이 있다. 나쁜 소문의 법칙이라는 말도 있다. 나쁜 소문은 사람들의 입을 타면서 몸집을 키우며 더 빨리, 더 넓게, 더 멀리 퍼져나간다는 말이다. 내부 경쟁과 갈등이 필연적인 조직은 때로 정치판과 같다. 누군가를 끌어내려야 누군가가 올라가는 구조다. 사람에 대한 확인되지 않는 나쁜 소문이 많을 수밖에 없다는 사실을 직시해야 한다. 나쁜 소문을 귀에 담기보다 험담을 전하는 사람을 경계해야 한다.

둘째, 도덕적으로 나쁜 것을 제외하고는 사람의 행동에 대한 긍정과 부정은 판단하기가 매우 어렵다. 옛말에 충신과 간신은 종이 한 장 차이라는 말이 있다. 당대에서는 충신이 후대에서는 간신으로 뒤바뀌는 경우도 있고 그 반대 경우도 존재한다. 결국 시간이 지나 훗날 역사가 많은 것을 결정하고, 그 와중에서도 뭐라 쉽게 판단할 수 없는 논란 가득한 역사 역시 많지 않은가? 누군가에게 고집이 세고 융통성이 없는 사람이 있다고 하자. 그러나 이 사람을 바꿔 말하면 누군가에게는 소신 있는 사람이 된다. 사람에 대한 가치 판단은 섣불리 할 수 없는 것이며 함부로 해서도 안 된다.

셋째, 나쁜 소문을 멀리해야 하는 이유는 사람에게 재기의 기회를 주어야 하기 때문이다. 신이 아닌 이상 누구나 실패와 실수를 저지르며 산다. 그리고 명백히 그 과정에서 성장한다. 하지만 나쁜 소문으로 한 사람을 낙인찍는다면 그에게서 한 번 더 일어설 기회조차 박탈하는 것과 다름없다. 국가에서 대통령이 새롭게 취임을 하면 으레 사면·복권을 시행한다. 새로운 시작을 위해 사람들에게 과거를 잊고 새로운 마음으로 새 출발할 기회를 주는 것이다. 조직의 리더로 새롭게 부임하면 리더도 새로운 마음이지만 리더를 만나는 구성원 역시 새로운 마음이어야 한다. 과거의 업보를 등에 지고 무슨 새로운 일을 할 수 있겠는가?

"나는 안 듣기로 했어."

다시 말하지만 나는 이 말을 나의 팀장에게서 들었을 때 느꼈던 기분을 지금도 몸으로 기억한다. 이 한마디로 그동안의 마음고생을 보상받으며 다시 시작할 수 있는 용기를 얻었다. 이전에 만났던 팀장 밑에서 나는 매우 힘든 시기를 보냈다. 당시 나는 하고 싶은 일에는 모든 것을 다 걸었지만, 마음이 내키지 않는 일에는 나도 모르게 힘이 빠지는 성향을 보였다. 그런데 이런 성향이 이전의 팀장과 잘 맞지 않았다. 그의 눈에는 아마도 나의 이런 성향이 매우 이기적인 모습으로 보였을 것이다. 그와 함께했던 시간이 내내 불편했다. 그 결과로 인사고과도 몇 년 동안 바닥을 면치 못했다. 나는 거의 만신창이가 되었고 조직에서 나의 미래는 없는 듯 보였다. 하지만 팀장의 선물과도 같은 이 말을 듣고 나서는 재기할 수 있는 새로운 가능성을 발견하게 되었다.


## | 뇌리에 꽂힌 나쁜 소문 떨치는 법 |


그런데 단순히 팀장이 팀원 개개인의 나쁜 소문을 듣지 않으려고 마음먹었다고 해서 뜻대로 잘되리라 생각하는 것은 너무나 순진하다. 기존에 있었던 부정적인 낙인들을 버리려고 마음먹었다고 해서 쓰레기 버리듯 던져버릴 수 있는 것도 아니다.

나쁜 소문은 날아가기도 하지만 한번 자리 잡은 나쁜 소문은 지워지지도 않는다. 따라서 나쁜 소문을 멀리하고 부정적인 낙인을 버릴 수 있는 매우 효과적인 방법 한 가지를 소개한다. 그것은 밝고 긍정적인 점을 발견하려고 노력하는 것이다. 한 현상에 대해 우리의 인식을 부정에서 긍정으로 바꾸는 것은 생각보다 쉽지 않다. 일단 우리의 두 눈에 부정의 콩깍지가 씌워지면 긍정이 보이지 않기 때문이다. 따라서 긍정의 콩깍지를 쓰고 사람을 바라보면 보다 쉽게 나쁜 소문이나 부정적인 인식을 멀리할 수 있다.

팀장을 대상으로 한 강연을 할 때마다 나는 그들에게 하나의 숙제를 부여한다. 이는 팀장이 팀원 개개인에 대한 이해도를 높이는 가장 쉽고도 효과적인 방법이라 자부한다. 바로 업무 노트에 팀원 개개인의 밝은 점이나 강점을 기록하는 것이다. 대다수의 사람은 일할 때 업무 노트를 활용한다. 그리고 업무 노트에는 일과 관련된 가장 중요한 정보들이 기술되어 있다. 그렇다면 팀장의 업무 노트에는 무엇이 적혀 있어야겠는가? 바로 경영의 가장 소중한 자원인 팀원 개개인에 대한 정보가 기록되어 있어야 한다. 팀원 개개인에 대한 가장 소중한 정보는 바로 강점이다. 매우 간단한 방법이니 지금 당장 실천하기 바란다. 먼저 업무 노트 한 페이지에 팀원 한 명을 할당한다. 그리고 상단에 팀원 이름을 기록한다. 팀원의 숫자가 20명이라면 20페이지가 필요할 것이다. 이렇게 업무 노트에 팀원의 이름을 쓰고 나면 이미 시작한 것이다. 하지만 이다음부터가 중요하다. 팀원 개개인의 일거수일투족을 살피며 강점 찾기 프로젝트를 시작하자. 한 페이지를 가득 채울 때까지 쉬지 말고 팀원 개개인을 살펴라. 어떤 강점이 있으며 왜 그렇게 생각하는지 이유도 함께 적어 놓아라. 그리고 나서 틈틈이 기회가 되면 해당 팀원에게 그의 강점에 대한 피드백을 해주어라. 팀원에 대한 정보는 당신의 눈으로 확인하기 전까지는 가급적 외부의 어떤 정보도 믿지 말라. 그리고 팀원을 이해하려거든 먼저 그의 강점을 발견하라.

## 칭찬의 효과를 두 배로 높이는 법

> " 우리 팀장 때문에 미치겠어요. 저에 대한 부정적인 이야기를 하고 다닌다고 합니다. 어떻게 팀장이 이럴 수가 있죠? 설사 제가 잘못한 일이 있어도 대변을 해줘야 하는 거 아닌가요? 우리 팀장을 더 이상 믿을 수가 없네요. 다른 팀을 알아봐야겠어요. "

신임 팀장을 두고 있는 팀원들은 팀장이 한없이 불안하기만 하다. 초짜 팀장이라 경험도 부족하고 윗선 눈치 보기에 정신이 없는 데다가 기존의 선배 팀장들에게는 힘에서도 밀린다. 팀 성과에 대한 인정이나 보상을 제대로 받을 수 있을지도 걱정이다. 팀원들에게는 신임 팀장과 함께 일하는 것이 하나의 업보인 셈이다.

이런 상황에서 팀장은 그저 묵묵히 주어진 일을 열심히 하다 보면 주변에서도 알아주겠지 하는 안일한 마음을 가져서는 안 된다. 외부의 이런저런 요구를 고민 없이 받아들이고 그 속에서 팀원들의 불합리한 희생이 발생한다면 이는 자신의 좋은 평판과 팀의 희생을 맞바꾼 것과 다름없다.

조직의 리더는 조직 구성원들의 생계를 책임지는 가장과도 같다. 팀의 대표로서 팀 차원에서 또는 팀원 개개인 차원에서 이뤄지는 노력과 성과를 확실히 챙겨 팀원들이 보상받을 수 있도록 해야 한다. 이 같은 관점에서 팀장이 반드시 챙겨야 하는 역할이 한 가지 있다. 그것은 팀의 성과를 적극적으로 외부에 알리고 홍보하는 역할이다. 나는 그간 조직생활을 통해서 팀의 성과가 팀장의 역할에 따라 완전히 달라질 수 있음을 수없이 보아왔다. 숫자로 드러나는 팀의 엄청난 성과가 '그저 운이 좋아서'로 치부되는 일이 생기는가 하면, 보잘것없는 성과가 '악조건 상황에서의 고군분투'라는 이름으로 재평가받는 일도 생긴다. 팀장은 팀 성과의 대변인 역할을 충실히 수행해야 한다. 없는 성과를 부풀리라는 말이 아니다. 팀과 팀원들의 노력이 제대로 평가받을 수 있도록 해야 한다는 말이다. 알리지 않으면 아무도 알아주지 않는 세상이다.

## | 팀원에 대한 험담은 자기 무덤을 파는 일이다

"우리 팀원들이 아직 많이 미숙합니다. 제가 직접 가르치면서 일해야 하니 정말 갑갑합니다."

이 말은 내가 지금까지 리더의 입에서 들었던 최악의 말이다. 하지만 의외로 이런 말을 입에 달고 사는 리더들이 종종 있다. 그는 팀에 부임하자마자 주변 사람들에게 자신의 팀원들에 대한 불만과 단

점을 늘어놓았다. 그리고 사무실로 돌아가 팀원들 앞에서는 이런 이야기를 하고 있었다.

"부족한 저와 함께 열심히 해봅시다. 여러분만 믿습니다."

그 팀장의 상반된 이야기를 들으면서 내 머릿속에 떠오른 생각은 이랬다.

'팀원들이 미숙한 것이 아니다. 팀장으로서 자질이 부족한 것이다.'

팀원들을 뒤에서 힐난하는 팀장치고 팀원들의 존경을 받는 사람을 본 적이 없다. 뒤에서 하는 말이라고 팀원들이 모를 것 같은가? 팀장의 일거수일투족은 실시간으로 팀원들에게 전달된다. 팀원들의 존경을 받지 못한 팀장은 절대로 팀원들의 헌신과 기여를 얻을 수 없다. 고로 일의 성공이나 높은 성과를 기대할 수 없다. 설사 팀원들의 수준이 많이 미숙하다 할지라도 팀장은 이런 이야기를 떠벌리고 다녀서는 안 된다. 이는 팀원들의 자존심이 걸린 일이다. 더구나 팀장이 팀원들을 미숙하게 보면 실제 팀원들은 미숙하게 일한다.

나는 그 팀장이 어떤 생각으로 앞의 이야기를 했는지 잘 안다. 그는 팀의 성과가 나쁘게 나올 가능성에 대비한 보험을 들어놓고 싶었을 것이다. 행여 팀 성과가 안 좋으면 자연스럽게 그것의 원인을 팀원들에게 돌릴 수 있는 것이다. 만일 팀 성과가 좋게 나온다면 고스란히 그것의 영광을 자신이 독차지할 수도 있는 것이다. 미숙한 팀원들을 데리고 멋진 성과를 냈으니 얼마나 대단한 사람으로 평가받을 수 있겠는가? 눈에 빤히 보이고 수가 낮은 전략이 아닐 수 없다. 어떤 경우에도 외부에 팀원들에 대한 부정적인 이야기를 하고 다니지 말라. 무능함과 열등감의 또 다른 표현일 뿐이다.


## | 제삼자에게 팀원을 칭찬하라

팀장이 팀의 홍보맨으로서 역할을 수행한다는 것은 팀원들에 대한 자랑을 하고 다니는 것이다. 축구나 야구와 같은 팀 스포츠를 보면 경기를 마친 후 항상 감독이 미디어 인터뷰 시간을 갖는다. 나는 이 시간을 매우 눈여겨보는 편이다.

사실 그날 경기의 수훈 선수는 기자단의 투표나 경기를 관람한 팬들에 의해 이미 정해져 있다. 이 상황에서 만약 당신이 감독이라면 어떤 말을 해야 할 것 같은가? 경기를 승리로 이끈 전술이나 노력 같은 것은 아닐 것이다. 이것은 감독으로서 자기 자랑이다. 이런 이야기는 할 필요가 없다. 선수들에 대한 이야기를 해야 한다. 특히 경기 MVP로 선정된 선수에 대한 언급도 해야겠지만 보이지 않게 팀 승리에 기여한 선수들의 이름과 활약상을 소상히 말해주어야 한다.

2002년 한·일 월드컵이 끝난 후 선수들에게 포상금이 지급되었다. 대개 팀 승리 기여도에 따라 포상금이 결정되게 마련이다. 그런데 이때는 모든 선수에게 동일한 포상금이 지급되었다. 심지어는 벤치에 앉아 단 한 경기도 뛰지 못했던 선수에게도 마찬가지였다. 논리는 딱 한 가지였다. 주전이든 후보든 모든 선수가 자신의 이기심이 아니라 오로지 팀 승리를 위해 한마음으로 헌신했기 때문이다. 경기에 뛴 선수뿐만 아니라 보이지 않는 곳에서 팀 승리에 공헌한 선수들을 모두 인정해준 것이다.

팀장으로서 당신은 팀원 한 사람, 한 사람을 회사 내 다양한 이해 관계자에게 홍보하는 일을 해야 한다. 가령 해당 팀원을 알 법한 유관 부서 팀장이나 상위 조직의 본부장 등에게 말이다. 이것이 곧 팀을 가장 효과적으로 홍보하는 방법이다. 팀원을 홍보한다는 것이 곧 팀을 홍보하는 것이다. 그리고 이렇게 했을 때 얻을 수 있는 부가적인 효과가 한 가지 있다. 앞에서 팀장이 팀 밖에서 떠들고 다니는 말은 팀원들에게 실시간으로 전달된다고 했다. 제삼자로부터 들은 질책은 최악이지만 칭찬은 최상이 된다. 팀원의 사기는 절로 올라갈 것이며 당신으로부터 칭찬을 받은 팀원들의 당신에 대한 존경심도 배가될 것이다.

홍보맨으로서의 팀장은 팀의 스토리를 만드는 데에도 능해야 한다. 즉, 다른 조직이나 사람들이 우리 팀을 생각하면 가장 먼저 떠오르는 스토리를 생산하여 확산하는 것이다. 하나의 스토리가 구성되려면 그 속에 위기와 반전의 극적인 요소를 갖추고 있어야 한다. 팀 내에 그런 스토리가 있는지를 샅샅이 찾아보라. 회사의 홍보 조직이 눈에 불을 켜고 회사의 홍보거리를 찾는 것과 같은 접근이다.

요즘은 어느 회사를 막론하고 사내에 뛰어난 업적을 공유하는 장을 가지고 있다. 이런 자리가 있다면 팀을 알릴 수 있는 절호의 기회이니 절대 놓쳐서는 안 된다. 팀의 노력이 외부로 알려지면 알려질수록 무엇보다 팀원들의 사기는 올라가는 긍정적인 효과가 있다.

# 모든 팀원을 편애하라

" 팀원 개개인을 어떤 식으로 대해야 할지 잘 모르겠어요. 팀장이 된 후 주로 일 잘하는 팀원 몇 명과 소통하고 일을 해왔습니다. 바쁘기도 하고 짧은 시간 내에 일을 잘할 수 있는 가장 효과적인 방식이니까요? 그런데 내가 팀원을 편애한다는 등의 소문이 들려옵니다. 팀원 개개인을 어떤 식으로 대하는 것이 맞을까요? "

질문 한 가지. 다음 두 가지 상황을 만난다면 어떤 상황이 당신의 기분을 더 상하게 할 것 같은가?

1. 상사로부터 내 동료도 야단을 맞고, 나도 야단을 맞았다.
2. 상사로부터 내 동료는 칭찬을 받았고, 나는 야단을 맞지 않았다.

당연히 2번이다. 객관적인 상황으로는 팀장으로부터 야단을 맞지 않았으니 2번 상황이 더 좋아 보일지 모른다. 하지만 2번 상황을 직접 경험해보면 기분이 몹시 나쁘다.

팀을 경영하다 보면 마음에 쏙 드는 팀원이 있는가 하면 전혀 정이 가지 않는 팀원이 있다. 팀원에 대한 팀장의 호불호가 어찌 갈리지 않겠는가? 미국 프로농구에 전설적인 감독이 있다. 시카고 불스와 LA 레이커스 등을 거치면서 무려 11번의 우승을 거머쥔 필 잭슨이다. 우승 제조기라는 별명을 가지고 있는, 농구 역사상 가장 위대한 감독으로 손꼽힌다. 이런 그에게 한 기자가 우승 비결을 물었다. 그의 대답은 매우 간단했다.

"모든 선수를 편애하는 것입니다."

이 말은 어법상 앞뒤가 맞지 않는 말이다. '모든'이라는 말과 '편애'라는 말이 상반되어 어울리지 않기 때문이다. "특정 선수를 편애하는 것입니다"라고 말하는 것이 어법에 맞다. 그는 이 말을 통해 모든 선수가 자신에게 특별한 존재이며 선수들에게 그렇게 느끼도록 하는 것이 감독의 역할임을 강조하고 싶었을 것이다.

팀원들과의 관계라는 측면을 놓고 팀장을 살펴보면 다음 세 가지 유형으로 나뉘는 것을 알 수 있다.

1. 모든 팀원이 싫어하는 팀장
2. 대다수 팀원이 싫어하는 팀장(일부 팀원은 팀장을 선호함)
3. 모든 팀원이 선호하는 팀장

이 가운데 팀 성과에 바람직한 팀장의 유형을 순서대로 정하면 어떻게 될 것 같은가? 논란이 있을 수는 있지만 내 의견은 다음과 같다. 말할 것도 없이 가장 이상적인 팀장은 3번 유형의 '모든 팀원이 선호하는 팀장'이다. 여기까지는 이견이 없을 것이다. 나머지 둘 가운데 더 안 좋은 유형의 팀장은 2번 '대다수 팀원이 싫어하는 팀장'이다.

1번 유형인 '모든 팀원이 싫어하는 팀장'은 팀워크가 의외로 좋을 수 있다. 팀장이 팀원들의 공공의 적이 되어 있는 팀을 만나 관찰해본 적이 있다. 아이러니하게도 이 팀의 팀워크는 환상적이었다. 팀원들이 팀장으로 인해 서로 힘들다 보니 내부 소통과 협력이 원활하게 이뤄지고 있었다. 힘든 상황에서 자기들끼리라도 돕고 살아야지 하는 분위기였다(팀원 가운데에서는 팀원들의 마음을 위로해주는 어머니와 같은 역할을 하는 사람도 있었다).

## | 팀원 전원과 개별 면담을 2시간이나 하게 된 사연

반면 누군가를 편애하는 결과로 나타나는 2번의 팀장 유형은 팀이 소수 몇 명에 의해 운영되고 나머지 팀원들은 있어도 그만, 없어도 그만인 존재로 전락해버린다. 더구나 팀장으로부터 편애받는 소수 팀원과 나머지 대다수 팀원 간의 사이가 좋지 않아 내부 갈등이 많아지게 되어 좋은 팀워크를 기대할 수 없게 된다. 모두를 똑같이 대하는 것이 팀장에게 요구되는 덕목이다.

김 팀장의 이야기를 들어보자. 김 팀장은 팀을 경영하는 한 가지 분명한 원칙이 있다. 그것은 어떤 경우에도 팀원들을 차별하지 않는 다는 것이다. 그는 분기별로 각 팀원과 일대일로 면담을 하였다. 면담의 목적은 성과를 짚어보고 더 나은 성과를 위해 각 팀원의 강점과 보완점을 논의하는 장이다.

그런 그의 기억 속에서 잊히지 않는 면담 경험이 있다. 여느 때에 비해 최소 네 배가 힘들었기 때문이다. 원인은 첫 번째 면담을 진행한 팀원 때문이었다. 그 팀원은 집안 사정으로 인해 예전만큼 일에 집중을 못하고 있는 상황이었다. 평소 30분 정도 면담을 진행하는데 심적으로 몹시 힘들어하는 그의 이야기를 들어주다 보니 무려 2시간이 훌쩍 지나버렸다. 평소보다 소요되는 시간이 네 배가 걸린 것이다. 여기까지는 별문제가 없었다. 그런데 문제는 그다음 팀원부터 발생했다. 두 번째 팀원은 회의실 문을 들어서자마자 전혀 생각지도 못한 한마디를 툭 던졌다.

"팀장님, 이번 면담은 2시간짜리인가 봐요?"

항상 팀원들에게 똑같은 시간을 할당해서 만나는 습관이 있다 보니 팀원들은 자연스럽게 모든 팀원과 2시간을 만난다고 생각했던 것이다. "아뿔싸." 김 팀장은 다른 대안을 생각할 수 없었다. 누구는 2시간 만나고 누구는 30분을 만날 수는 없는 일이다. 자칫 팀원들에게 팀장이 누구를 편애한다는 인식을 줄 수 있는 소지가 있기 때문이다. 그는 30명에 이르는 각 팀원과 일대일로 2시간의 면담을 수행하였다. 비록 네 배는 힘들었지만 편애하지 않는다는 원칙을 지킬 수 있어 뿌듯했고 네 배 이상의 팀원들 이야기를 들을 수 있었던 것도 큰 보람이었다고 한다.

팀원 각각은 팀에서 서로 맞물려 있는 톱니바퀴와 같다. 작은 톱니바퀴는 작은 대로, 큰 톱니바퀴는 큰 대로 제 역할을 했을 때 팀이 정상적으로 돌아갈 수 있다. 그런데 톱니바퀴 하나라도 문제가 생겨 제대로 움직이지 못하면 그만큼 팀은 제 기능을 하지 못한다.

나는 여러 조직의 팀원들을 만나 팀장에게 나타나는 편애 행동이 어떤 것이 있는지를 리더십 워크숍을 통해 도출해보았다. 그 내용은 다음과 같다.

팀장의 편애 행동

- (그와) 밥 한 끼를 더 먹는다.
- (그와) 술을 더 자주 마신다.
- (그에게는) 결재를 더 쉽게 해준다.
- (그와) 출장을 더 자주 간다.
- (그를) 더 많이 찾는다.
- (그에게는) 폼 나는 일을 더 많이 맡긴다.
- (그에게는) 부드러운 표정을 더 많이 짓는다.
- (그에게는) 칭찬을 더 많이 한다.
- (그에게는) 교육받을 기회를 더 많이 챙겨준다.

이 행동에는 공통점이 한 가지 있다. 매우 사소한 행동이라는 점이다. 팀원들이 영향을 받는 것은 팀장의 작은 모습이다. 하지만 매일 같은 공간에서 함께 생활하면서 축적이 되는 행동이기에 결코 무시할 수 없는 작은 행동이다. 팀원은 자신이 아닌 누군가에게 팀장이 더 많은 관심을 두는 듯하면 그것을 편애라고 생각한다. 왜냐하면 자신 역시 팀장으로부터 사랑을 받고자 하는 마음이 굉장히 크기 때문이다. 자신이 받지 못하고 남이 받으면 상실감이 배가 되는 것이다. 피로 연결된 형제간에도 부모로부터 더 많은 사랑을 받기 위해 보이지 않는 경쟁과 갈등이 있지 않은가?

팀장이 누군가를 편애하는 조직치고 팀워크가 좋은 조직을 본 적이 없다. 팀장으로부터 편애를 받는 팀원은 그 외의 나머지 팀원에게는 시기와 질투의 대상이 되기 십상이기 때문이다. 서로 좋은 얼굴로 함께 일하기가 어렵다.

의도적으로 누군가를 편애하는 팀장은 매우 드물 것이다. 일하다 보니 어쩔 수 없이 나타나는 현상일 뿐이다. 하지만 팀원들은 눈에 불을 켜고 당신의 행동 하나하나를 지켜보고 있다. 옛말에 오얏나무 밑에서 갓끈을 고쳐 쓰지 말라는 말이 있다. 오해될 소지가 있는 행동은 애초에 하지 않도록 작은 행동 하나하나에도 신경을 써야 한다. 더불어 혹시나 당신의 관심 밖에서 소외되고 있는 팀원이 있는지를 살피고 그에게 좀 더 세심한 관심을 표현해주어야 할 것이다. 다음은 팀원이 팀장으로부터 소외감을 느끼는 상황을 정리한 것이다.

## 팀장으로부터 소외감을 느낄 때

- 나를 투명인간 취급한다. 인사를 해도 소 닭 보듯 한다.

- 내 이름을 부를 때 잠시 멈칫한다. 아무래도 내 이름을 정확히 기억하지 못하는 눈치다.

- 내가 팀에서 무슨 일을 하는지조차 모른다.

- 나와 연관된 문제를 나를 **빼고** 대책 회의를 한다.

- 회의 시간에 내가 발언을 하면 듣는 둥 마는 둥 한다.

- 나의 일상에 대한 정보가 전혀 없다(예: 막 휴가를 다녀온 나에게 언제 휴가를 가느냐고 묻는다).

- 같은 잘못을 해도 더 많이 욕먹는다.

- 팀 회식 자리에서도 나에게 별다른 말을 걸지 않는다. 마음먹고 곁에 다가가면 건너편에 있는 김 대리하고만 말을 나눈다.

- 가끔 엉뚱한 질문으로 나를 당황케 한다(예: 결혼도 하지 않은 나에게 애가 잘 크고 있는지를 묻는다).

# 퇴사자는 이유를 밝히지 않는다

> "연구개발팀 팀장으로 있습니다. 저희 팀원들은 별 탈 없이 잘 다니는 것 같았는데 어느 날 팀원이 '드릴 말씀이 있어요'라고 하면서 면담을 요청합니다. 입사 처음이자 마지막 면담 요청이지요. 회사를 그만두 겠다고 합니다. 그동안 퇴사하는 팀원이 다 그랬습니다. 사유도 똑같 습니다. 개인적인 사정 또는 건강이 안 좋아서 그만두겠다고요. 늘 잡 을 수도 없는 완고한 퇴사입니다. 퇴사의 조짐을 미리 알고 관리하는 방법이 있을까요?"

우리나라 직장 사회는 IMF 금융위기 이후 평생직장이라는 개념이 사라져 이제는 완연한 평생 직업의 시대가 되었다. 이제 사람들은 한 직장에서 자신의 경력을 보낼 생각이 없고, 직장이 자신의 고용을 안정적으로 보장해줄 것이라 믿는 사람도 없다.

사람들은 언제든 자신의 역량을 더 잘 발휘할 수 있거나 가치를 더 인정해주는 곳을 찾아 떠날 준비를 하고 있다고 봐도 무방하다.

당신의 팀원들 역시 마찬가지다. 당신과 계속 일할 것이라는 생각을 하고 있다면 그 생각을 버려야 한다. 완전한 착각이기 때문이다. 팀원들은 여차하면 떠난다.

환경적으로도 기업에 필요한 인재를 전문적으로 찾아 연결해주는 헤드헌팅의 사업 규모가 날로 커지고 있다. 기업에 필요 인력을 찾아 공급하는 서치펌(search firm)도 1000개를 넘어서고 있고 헤드헌터도 1만 명에 이른다고 한다. 당신의 팀원은 항상 이와 같은 헤드헌팅의 표적이 되고 있다는 사실을 알아야 한다. 실력 있는 팀원들은 지금 이 순간에도 헤드헌터의 전화를 받고 있다고 봐야 한다. 여자의 마음은 갈대라는 말이 있는데 팀원들의 마음도 이에 못지않은 갈대다.


## | 떠나는 것이 일상이 되어버린 현실 |

최근 기업에서 흥미로운 현상을 보았다. 바로 과거 퇴직자들이 재입사하는 일이 점차 늘어나고 있는 것이다. 한 기업에서는 이를 일명 '연어 프로젝트'라 명명하고 회사 차원에서 추진하고 있다. 태어난 곳을 떠난 연어가 다시 회귀하는 것처럼 떠난 인재들을 다시 불러들인다는 의미다. 퇴직자가 재입사를 할 경우 회사나 업무에 대한 적응 기간이 필요하지 않아 즉시 일에 투입할 수 있다는 이점이 있기 때문이다. 그만큼 신규 직원이 조직에 적응하는 데 오랜 시간과 비용이 소요되기 때문일 것이다.

옛말에 "든 자리는 몰라도 난 자리는 안다"는 말이 있다. 함께 있을 때는 있는 사람의 가치를 미처 깨닫지 못하다가 그 사람이 사라진 후에야 그 가치를 알게 된다는 뜻이다. 하지만 현실에서는 묘하게도 내부 인재를 도외시한 채 외부에서 인재를 찾는 경향이 있다. 남의 떡이 커 보인다고 외부에서 그럴싸하게 포장된 인력에 눈길이 가고 내부의 직원들은 늘 뭔가 부족해 보인다.

하지만 외부에서 수혈된 스타 인재가 생각만큼 회사와 조직의 성과를 보장해주는 것은 아니라는 연구가 발표됐다. 2004년 5월 〈하버드 비즈니스 리뷰〉에 실린 '스타 인재 채용의 함정(The Risky Business of Hiring Stars)' 연구 결과에 주목할 필요가 있다. 하버드 경영대학원 교수인 보리스 그로이스버그 외 2명이 1988년부터 1996년까지 미국의 78개 투자회사, 1052명의 스타 애널리스트가 회사를 옮길 때 창출하는 실적을 추적 조사한 결과다. 금융회사를 선택한 이유는 이 업종만큼 사람의 실적이 명확히 드러나는 곳도 없기 때문이다. 연구 대상 지역은 월스트리트로, 이직이 빈번한 곳이어서 이직 이전과 이후의 실적 비교가 매우 용이하다.

이 연구 결과에 따르면 스타 애널리스트의 46퍼센트는 회사를 옮긴 직후부터 부진한 실적에 허덕였다. 그리고 이전보다 평균적으로 20퍼센트 낮은 부진한 실적을 보였고, 5년이 지나도록 이직 이전 화려한 시절의 실적으로 돌아오지 못했다. 더구나 이들 가운데 36퍼센트는 평균 3년 이내에, 29퍼센트는 5년 이내에 새로운 회사를 찾아 떠나고 말았다.

결과적으로 스타 애널리스트 본인의 실적은 말할 것도 없고 그가 속한 팀의 실적도 떨어졌으며 나아가 회사의 시장 가치도 함께 떨어졌다. 이 연구 결과는 인재의 외부 영입이 생각만큼 핑크빛이 아니라는 사실과 내부 인재의 가치에 대한 인정과 육성의 중요성을 일깨워준다.

## | 장기근속의 이점

장기근속 직원은 회사 차원에서 또는 리더 당신에게 다음과 같은 큰 이득을 준다. 먼저 업무의 히스토리를 잘 알고 있다. 일은 사람이 하는 것이기에 직원 자체가 회사의 살아 있는 히스토리가 된다. 그 결과 같은 시행착오를 범할 가능성이 그만큼 낮아지고 사업을 안정적으로 추진할 수 있게 된다. 예를 들어 사업이 잘되려면 단골이 있어야 하고 안정적인 거래처가 있어야 하는데 장기근속 직원은 단골과 거래처가 가장 먼저 찾는 사람이다.

또한 장기근속 직원은 다른 부서 사람들과 함께 일하는 데 능하다. 회사에서 정해진 절차에 따라 다른 부서의 협력을 얻거나 지원을 받으려면 하세월이다. 장기근속 직원은 전화 한 통으로 모든 것을 해결한다.

마지막으로 오랫동안 몸담아온 만큼 회사에 대한 애정과 로열티가 상대적으로 높다. 장기근속 직원이 더욱 빛나는 상황은 회사나 팀이 어려운 상황에 처할 때다. 자신과 회사를 동일시하기 때문에 이들은 끝까지 회사와 팀을 지킨다. 직장을 자신의 몸값을 올리는 수단으로 여기고 메뚜기처럼 옮겨 다니는 검증되지 않은 사람과, 진득하게 조직과 생사고락을 함께하는 사람 가운데 당신은 어떤 사람을 선택하겠는가?

처음 리더가 된 당신은 이처럼 갈대와 같은 팀원의 마음을 붙잡아 두는 데 온 정성을 기울여야 한다. 예전 실무자일 때는 자신의 시간 중 90퍼센트를 일에 쏟아붓는다. 리더가 되면 90퍼센트의 시간을 팀원에게 쏟아부어야 한다. 모든 성과는 사람을 통해 이뤄지기 때문이다. 제아무리 높은 성과를 창출한다 한들 사람을 붙잡아 두지 못한다면 단기성과에 그칠 수밖에 없고 무능한 리더일 수밖에 없다. 그렇다면 떠날지 말지 갈등하는 팀원이 있다면 어떤 식으로 붙잡을 수 있을까?

## | 퇴사하는 팀원의 전조증상 |

퇴사자 면담을 해보면 대개 왜 회사를 떠나는지 명확한 이유를 밝히지 않는다. 굳이 떠나면서까지 내부 분란을 일으킬 필요가 없다고 생각하기 때문이다. 그래서 이들이 표면적으로 밝히는 사유와 실제 속마음은 다른 경우가 많다. 이를 정리하면 다음과 같다.

## | 팀원이 조직을 떠나는 이유 |

| 표면적 사유 | 속마음 |
| --- | --- |
| 대학원에 진학하려고 합니다. | |
| 좀 더 적성에 맞는 일을 찾아보려고 합니다. | |
| 개인 사업을 해보고 싶습니다. | 우리 팀장이 싫습니다. |
| 육아에 전념하려고 합니다. | |
| 몸이 아파서 쉬려고 합니다. | |

일전에 한 팀장의 고민을 듣게 되었다. 그의 고민은 다음과 같았다.

"전 아무래도 사람 복이 지지리도 없는 것 같습니다. 팀원을 채용해서 좀 쓸 만하면 회사를 떠나버리고 맙니다. 새로운 팀원의 비중이 높으니 모든 일이 어렵고 성과도 잘 안 나옵니다. 이럴 때는 어떻게 해야 하나요?"

나는 그에 대한 소문을 익히 알고 있었다. 그는 회사에서 별명이 저승사자라고 불렸다. 그와 함께 일하면서 많은 팀원들이 떠났다. 회사에 소문이 파다하게 나서 아무도 그와 함께 일하고 싶어 하는 사람이 없었다. 이러한 소문을 이미 알고 있기에 나는 그에게 아무런 말도 할 수가 없었다. 하지만 속마음은 이렇게 말하고 있었다.

"과연 누가 지지리도 복이 없는 사람일까요? 혹시 떠나는 팀원이 그런 사람이 아닐까요?"

사람이 조직을 떠날 때 표면적으로 드는 사유는 대부분 핑계에 불과하다. 사람은 자신이 좋아하는 곳과 사람을 결코 떠나지 않는다.

떠난다는 것은 그곳에 자신에게 상처를 주는 사람이나 기대에 미치지 못하는 뭔가가 있기 때문이다. 특히 리더는 자신 스스로가 구성원을 떠나게 하는 원인이 되고 있지는 않은지 반성해야 한다. 통계적으로 보았을 때 회사를 떠나는 가장 큰 이유는 자신과 맞지 않는 상사와의 갈등이 압도적인 1위라는 사실을 주지해야 한다. 퇴사하는 팀원은 항상 조용히 사라진다. 회사를 그만두겠다는 말을 입에 달고 사는 사람이 그만두는 일은 별로 없다. 어느 날 갑자기 회사를 그만두는 사람은 거의 없다. 예전과 달리 점점 직원들의 이직이 급격히 늘어나는 환경이지만 회사를 그만두는 것은 본인으로서는 중대한 결정이다. 보통의 스트레스 수준을 넘어선다.

그렇기에 퇴사를 마음먹은 팀원들에게는 눈에 보이는 몇 가지 전조증상이 나타난다. 첫째, 팀 행사에 대한 참여도가 낮고 다른 팀원들과 잘 어울리려 하지 않는다. 둘째, 표정이 어두워지거나 감정 상태가 불편해 보인다. 셋째, 일에 대한 몰입도나 업무 품질이 확연히 떨어진다. 넷째, 말수가 줄어든다. 다섯째, 근태가 나빠진다. 여섯째, 평소 보이는 모습과 행동이 달라진다.

하지만 이와 같은 증상이 나타난 사람의 마음을 돌리는 일은 쉽지 않다. 이미 떠날 결심이 서 있기 때문이다. 직장인 중 80퍼센트가 화병을 앓은 경험이 있다는 통계가 있다. 잦은 짜증과 신경질, 가슴과 얼굴에 치밀어 오르는 열, 가슴이 답답하거나 숨 막힘, 불안감과 우울증, 두통과 어지러움이 주요 증상이다. 중요한 것은 이와 같은 화병을 치료하지 못하면 반드시 퇴사하게 된다는 점이다.

이 같은 측면에서 팀장은 평소 팀원들의 감정 상태에 관심을 가져야 한다. 팀원 개개인의 표정과 말투 속에서 그가 주로 느끼는 감정을 읽어낼 수 있어야 한다. 좋은 감정이 아닌 나쁜 감정이 많다면 그만큼 그는 퇴사할 가능성이 높아지는 것이다.

심리학자 마셜 로사다와 에밀리 히피는 조직에서 사람들이 구사하는 언어 습관과 조직의 생산성 간의 상관관계를 연구했다. 이들은 조직을 고객 만족도, 이익률, 매출 등의 성과지표를 활용하여 다음 세 분류로 나누었다. 고성과팀, 중간 성과팀, 저성과팀. 그리고 나서 각 팀에서 사람들이 사용하는 말을 녹음하여 이를 긍정의 말과 부정의 말로 구분하였다.

결과는 다음과 같았다. 고성과팀에서는 5.8 : 1로 긍정의 말이 부정의 말보다 5.8배 높았다. 중간 성과팀에서는 1.8 : 1로 긍정의 말이 부정의 말보다 1.8배 높았다. 마지막으로 저성과팀에서는 1 : 2.7로 긍정의 말보다 부정의 말이 무려 2.7배 높은 것으로 나타났다. 사람이 구사하는 말은 그 사람의 감정 상태를 잘 대변해준다.

당신의 팀에서 팀원들이 일상적으로 사용하는 말을 긍정과 부정으로 분류하면 몇 대 몇의 비율이 될 것 같은가? '피곤해, 말도 안 돼, 미치겠다, 너무해, 죽겠네, 그 인간 때문에 못 살겠어' 등과 같이 부정적인 말이 많다면 당신의 팀원들은 현재 감정 상태가 매우 좋지 않은 것이며 그만큼 팀을 떠날 가능성이 높아진다.

당신이 평소 사용하는 말도 매우 중요하다. 당신의 말은 팀원들의 감정을 늘 건드리는 것이기 때문이다. 당신은 몇 대 몇의 비율로 긍정과 부정을 사용하고 있는 것 같은가? 팀에서 긍정과 부정의 말의 비율을 체크하라. 가장 정확하게 팀원들의 상태를 파악할 수 있다.

## | 퇴사자는 융숭히 대접하라

때로는 모든 것이 만족스러우나 회사와 조건이 맞지 않거나 제약 사항으로 인해 어쩔 수 없이 떠나는 팀원들도 있다. 회사에는 꼭 필요한 구성원이고 구성원 역시도 조건만 맞거나 배려를 해준다면 회사를 떠날 생각이 없는 경우도 많다. 이와 같은 경우라면 회사 차원에서 융통성을 발휘해야 한다.

예를 들어 시장에서 형성되는 몸값이 현재 회사에서의 몸값에 비해 큰 차이가 있다면 이를 보전해줄 수 있는 방법을 찾아야 한다. 육아로 인해 규정된 업무 시간을 따르기가 힘들다면 퇴근 시간 조정이나 유연근무제 등을 적용하여 배려해야 한다. 업무 중 인생의 사명과도 같은 일을 하고 싶어 한다면 원하는 일에 집중할 수 있도록 해줘야 한다. 특정 분야의 전문성을 키우고 싶어 한다면 관련된 일을 연결해주거나 교육 프로그램에 참석할 기회와 시간을 제공해준다. 몸이 안 좋은 팀원이라면 휴가를 주거나 휴직을 통해 회복할 수 있는 시간을 부여한다. 회사에서 보장하는 사규를 활용하고 재무팀, 경영지원팀과 논의해 해결책을 모색해야 한다.

상식적인 이야기 같지만 팀장이 해야 할 일이다. 떠나가는 팀원을 보며 아쉬워하거나 회사의 제도적인 제약을 탓하기보다는 그 속에서 팀장으로서 당신이 할 수 있는 일을 찾아야 한다. 이런 노력에도 불구하고 아무 소득 없이 팀원이 떠나는 일도 있다. 어쩌면 대부분 여기에 해당할지도 모른다. 물론 실망스럽겠지만 당신의 정성 어린 마음은 고스란히 남아 있는 팀원들에게 전달된다. 팀장이 팀원을 위해 최선을 다하는 모습을 보면서 당신에 대한 신뢰가 더 깊어진다.

"이참에 나도 떠날까?"

조직을 떠나는 사람을 보면 자신도 모르게 이런 생각을 갖게 되는 일이 종종 있다. 퇴사는 전염병과 같아서 한 명의 퇴사를 시작으로 여러 명한테 연쇄적으로 이어지기도 한다. 떠나는 사람이 멋있어 보이고 남아 있는 스스로가 왠지 초라해 보인다. 특히 떠나는 사람이 유능할수록 이런 경향은 더욱 심해진다. 한마디로 퇴직 충동이 형성되고 강해지기 쉽다. 팀원들의 퇴직 충동을 막기 위해서는 역설적이게도 퇴사자에게 더욱 정성을 기울여야 한다.

어리석은 팀장은 떠나는 팀원이 이를 갈고 떠나게 한다. 퇴직자를 조직에 대한 배신자라 규정하고 심지어는 송별 회식마저 하지 않는 팀장을 본 적이 있다. 그는 떠나는 사람에게 군이 자신의 시간과 정성을 소모할 이유를 느끼지 못한 것이다. 하나는 알고 둘은 모르는 사람이다.

이럴 경우 떠난 사람의 빈자리도 채우기 힘들어진다. 구직자도 자신이 일하게 될 조직에 대해 레퍼런스 체크를 한다는 사실을 잊어서는 안 된다. 알게 모르게 당신과 팀에 대한 좋지 않은 소문이 날 것이다. 또한 떠나는 사람은 남아 있는 사람에게 어떤 식으로든 영향을 미친다. 회사 내부에서도 늘 사람이 부족한 조직이 있다. 사업이 잘 되어서 사람이 더 필요한 것이 아니라 사람이 자꾸 떠나서 떠난 자리를 채우려는 것이다.

떠나는 사람에게는 먼저 그간 팀장으로서 잘못한 점을 사과하라. 사과는 상처 입은 관계를 회복하는 가장 효과적인 방법이다. 그리고 팀장으로서 자신이 무엇을 바꾸면 좋을지 진지한 조언을 구해야 한다. 그를 통해 당신의 리더십을 한 단계 발전시킬 기회로 삼아야 한다. 그래서 동일한 사유로 사람이 또 떠나는 일을 만들어서는 안 된다. 나아가 그와 그간의 회포와 오해를 모두 풀어 그가 미안하고 아쉬운 마음으로 떠날 수 있도록 해야 한다. 그의 미안하고 아쉬운 마음이 클수록 남아 있는 팀원들이 갈대처럼 흔들리지 않을 것이다.

# 트러블메이커 팀원에 대처하는 법

> " 저를 불편하게 하는 팀원이 있어요. 왠지 좀 더 신경을 써야 할 것 같
> 고 말 한마디 건넬 때도 좀 힘든 편입니다. 또 저보다 나이가 많은 팀
> 원도 있어요. 앞으로 계속 이럴 텐데 불편한 팀원은 어떤 식으로 대하
> 면 좋을까요? "

당신의 리더십을 테스트하는 네 가지 유형의 팀원이 있다. 첫
째는 당신보다 나이 많은 팀원이고, 둘째는 소위 밀레니얼 또는 Z세
대라 불리는 신세대 팀원이다. 셋째는 트러블메이커이며, 넷째는 늘
무기력한 C플레이어다.

당신의 리더십을 시험하는 팀원

- 당신보다 나이 많은 팀원
- 트러블메이커(팀 내 불화를 일으키는 팀원)
- 신세대 팀원(밀레니얼 또는 Z세대로 불리는 주니어 팀원)

• C플레이어(무기력한 팀원)

트러블메이커와 C플레이어의 차이가 궁금할 수 있겠다. 트러블메이커는 팀원들을 불편하게 하거나 힘든 행동을 해서 팀 내 불화를 만드는 팀원으로 정의하고자 한다. 그리고 C플레이어는 역량이 낮고 의욕이 약한 팀원으로 쉽게 표현하면 특별히 팀에 해가 되는 행동은 하지 않으나 무기력한 모습을 보이는 팀원으로 정의하고자 한다. 이번 글에서는 '팀장보다 나이 많은 팀원'과 '트러블메이커'에 대처하는 법을 소개하고 다음 글에서 계속 '신세대 팀원'과 'C플레이어'에 대처하는 법을 소개한다.


## | 나이 많은 팀원, 당신의 귀한 파트너다 |

요즘 기업에서 자주 발생하는 현상 중 하나는 직급 역전 현상이다. 리더의 나이가 부하 직원보다 어리거나 또는 후배가 선배를 제치고 리더의 자리에 오른다. 같은 팀에서 팀장과 팀원의 관계로 일했던 사람들이 이듬해 위치가 서로 바뀌는 잔인한 일도 발생한다. 과거에는 거의 찾아보기 어려운 일이었으나 요즘은 비일비재하게 나타나고 있다. 기업 경쟁력 강화를 위해 역량 있는 인력의 조기 육성과 활용이 중시되고 있어 이러한 경향은 앞으로 점점 더 강해질 것이다. 그런데 이런 현상이 과거에는 없던 것이다 보니 막상 닥치게 되면 어찌할 바를 모르고 모두가 혼란스러워한다. 자신보다 나이가 많은 선배를 부하 직원으로 두고 있는 리더도 불편하고 나이 어린 후배를 리더로 두고 있는 직원의 입장도 그렇다. 같은 공간에서 일하긴 하지만 소통이 어딘가 어색하고 서로를 대하는 마음과 자세가 편치 않다. 과거에는 생각해볼 필요조차 없는 고민 한 가지가 오늘날의 리더에게 더해진 것이다. 자신보다 나이가 많은 부하 직원은 도대체 리더로서 어떻게 대해야 할까? 우리 사회에서 장유유서의 문화는 생각 이상으로 무시할 수 없는 요소다. 나이 어린 상사를 받아들여야 하는 상황은 직장인들이 견딜 수 있는 임계점을 벗어나는 최고 수준의 스트레스다.

"우선 나보다 나이가 어린 팀장에게 호칭을 어떻게 해야 할지 모르겠더군요. '팀장님'이라는 말이 한동안 입에서 떨어지지 않았습니다. 팀의 모든 일이 팀장 중심으로 돌아가는 상황에서 나는 마치 들러리와 같았습니다. 인생의 낙오자가 된 듯한 기분입니다. 후배 팀원들은 얼마 있으면 회사를 떠날 사람으로 취급합니다. 팀 회의 때도 말 한마디 꺼내기가 어려워요. 팀장과 반하는 의견을 이야기하면 힘겨루기를 한다는 인상을 받을까 걱정부터 됩니다. 자연스럽게 팀에서 말수가 줄어들게 됩니다. 이렇게까지 하면서 있어야 되나 하는 생각이 들지만 어쩔 수 있나요? 힘들지만 적응해야죠."

팀장은 이러한 팀원의 마음을 이해하고 품을 수 있어야 한다. 그렇지 않으면 나이 많은 팀원과의 관계는 계속 소원한 상태로 지속될 것이고 장기적으로는 팀워크를 해치는 결과로 이어질 것이다.

그렇다면 어떻게 하는 것이 좋을까? 다음의 세 가지 중 어떤 접근
이 좋을지 한번 판단해보라.

1. 절이 싫으면 중이 떠나야 한다. 특별대우는 없다. 다른 팀원들과 똑같이 대한다.
2. 시간이 지나면 자연스레 좋아질 것이다. 단기적으로 불편할 수는 있지만 서로 익숙해질 때까지 기다린다.
3. 그의 존재감을 인정하고 정중히 도움을 요청한다.

1과 2의 경우는 상대를 껄끄럽게 생각할 때 나타나는 행동이다.
또한 힘들어하는 팀원이 눈앞에 있음에도 아무것도 하지 않겠다는
것과 다름없다. 모든 관계에서 가장 쉬운 선택은 아무것도 하지 않
는 것이다. 쉬운 만큼 관계의 개선도 기대할 수 없다. 경우에 따라 서
로 대립각을 세워 관계가 걷잡을 수 없이 악화될 수 있다. 명백히 나
로 인해 힘들 수 있는 직원을 놓고도 아무 노력도 하지 않는 것은 직
무유기와 다름없다. 3의 접근이 가장 현명하다.

사람이 가장 상처 입는 일은 누군가로부터 무시당할 때다. 회사에
서 승진에 밀려본 경험을 가진 사람은 유사한 느낌을 받는다. 회사
로부터 버림받았다는 느낌에 좌절하고 외부의 반응에 극도로 예민
해지기 십상이다. 작은 것에도 크게 반응할 수 있으므로 초기에는 건
네는 말 한마디에도 주의를 기울여야 한다. 그의 상심한 마음을 보
듬을 수 있어야 한다. 조직에서 일하며 나이가 들어간다는 것은 그

만큼 폭넓은 경험과 지식을 보유하고 있는 것이다. 눈앞에 보이는 일 보다는 보다 폭넓은 시각 또한 갖게 되며 휴먼 네트워크 역시 풍성하다. 평소에는 그다지 큰 역할을 하지 않는 것 같아도 경험이 많은 사람들은 결정적인 한 칼을 가지고 있다.

팀장으로서 당신이 할 수 있는 최선의 결과는 그가 겉돌거나 소외되지 않고 조직에서 자신의 역할을 찾아 이전처럼 적극적으로 움직이도록 동기부여 하는 것이다. 최악의 결과는 그가 모든 것을 내려놓는 자포자기의 상태로 만들어 버리는 것이다. 상심한 그가 조직에서 가장 잘할 수 있는 역할이 무엇인지를 생각해보라. 그리고 단둘이 만나 그에게 정중히 도움을 요청하라. 그리고 당신이 도울 일이 있는지를 물어보라. 나아가 조직 내에서 어렵거나 중요한 의사결정을 해야 할 때 항상 그에게 의견을 구하라. 그와 함께 조직을 꾸려나간다는 관점으로 접근하는 것이 좋다. 어차피 오늘날 상하 관계는 동업자 관계다. 이제 다른 팀원들과도 동업자적인 관계로 발전시킬 수 있는 좋은 기회로 삼는 것이 좋겠다. 누가 누구의 위에 서고 누구를 부리는 일 따위는 비즈니스 세계에서 더 이상 통용되지 않는다.

## 트러블메이커 관리하기

나는 팀의 트러블메이커를 팀장의 밀착 마크가 필요한 사람이라고 정의한다. 늘 관심을 가지고 지켜보면서 그의 태도와 행동이 다른 팀원들에게 부정적인 영향을 미치는 것을 차단해야 한다. 원온원 면담을 자주 하고 최대한 냉정하고 객관적으로 그의 문제 행동과 부정적 영향력에 대해 자세히 일러주어야 한다.

단, 트러블메이커를 대할 때 화를 내는 것은 금물이다. 화를 내는 것은 상대를 공격하는 것이며 그만큼 상대에게 빚을 지는 셈이다. 오히려 전세가 불리해질 수 있다. 안하무인 격의 팀원이라면 어떤 형식으로든 공격하는 당신에 대한 보복을 생각할 것이다. 화를 내지 않고 조목조목 알아듣게 이야기하는 것이 목표다.

이를 위한 방법으로 아이스(ICE) 기법을 소개한다. 제목이 아이스인 것은 흥분하지 말라는 의미를 담고 있다. ICE의 I는 I Statement의 약자로 나의 걱정을 먼저 이야기하는 것이다

"요즘 우리 팀 분위기와 관련하여 김 대리와 상의하고 싶은 내 고민 한 가지가 있네"와 같은 형식으로 대화를 시작한다. 즉, 대화를 상대의 잘못된 행동이 아니라 나의 고민으로 시작하는 것이다.

I Statement의 반대말은 You Statement로, 주어로 You를 사용하면 "당신은 이게 문제야!"라는 형식으로 대화의 시작부터 상대를 자극하는 공격 표현이 될 수 있다.

다음으로 ICE의 C는 Contrast Behaviors의 약자다. 즉, 바람직한 행동과 대비하여 문제 행동과 그것의 영향력을 이야기하는 것이다.

"지난번에 우연히 내가 본 장면인데 ○○씨의 이러저러한 행동에 내가 적잖이 당황했네. 자칫 마음 상하는 사람이 있을 수 있겠더라고."

여기에서도 역시 중요한 것은 상대방의 감정을 자극하는 이야기는 해선 안 된다는 점이다. 그 방법으로 문제되는 행동을 하게 된 어떤 이유가 있는지 질문을 통해 물어보는 것도 좋을 것이다.

"혹시 그런 행동을 하게 된 어떤 이유가 있을까? 내가 모르는 이유가 있는지 해서 말이야."

마지막으로 ICE의 E는 Explanation의 약자로 해결책에 대해 이야기하는 설명 단계다. 단 이때의 해결책은 "앞으로 어떻게 하면 좋을지 의견을 이야기해주면 좋겠네"와 같이 상대가 스스로 답변을 내릴 수 있도록 유도하고 부족한 부분에 대해 보완해주는 방식이 가장 이상적이다.

이와 같이 팀장이 밀착 마크하여 직접 피드백하는 방식 외에 팀원 스스로 자신의 문제 행동에 대해 반성할 수 있는 시간과 기회를 주는 것도 좋다. 문제 행동을 일삼는 팀원의 경우 누군가의 피드백을 받아 자신의 행동을 교정하는 일은 잘 나타나지 않는다. 무엇보다도 스스로 반성하고 결심하는 시간이나 기회가 필요하다.

이를 위해 '스스로 직면하게 하기'를 제안한다. 팀원들이 모두 한 자리에 모여 롤링 페이퍼를 작성한다. 문제 팀원만을 타깃으로 하기보다는 전체가 다 같이 참여해서 자연스러운 분위기를 만드는 것이 중요하다. 저마다 받은 종이의 귀퉁이에 자신의 이름을 적고 다른 팀원들에게 죽 돌려 자신에 대한 피드백을 받는다. 이때 피드백 내용은 상대에 대한 칭찬 하나와 아쉬운 점 하나다. 여기서 칭찬 하나가 들어간 이유는 피드백을 받고 마음이 상하는 일을 방지하기 위함이다. 생각해보라. 팀원들이 자신에 대해 기록한 내용이 온통 아쉬운 점뿐이라면 행동의 변화는커녕 감정만 상할 것이다.

최종적으로 자신이 받은 피드백을 공통점 중심으로 정리하여 앞으로 자신이 어떤 노력을 할지 결심을 발표하는 시간을 갖는다. '스스로 직면하게 하기'는 팀원 스스로 자신의 행동을 되돌아보게 하고 교정을 유도하는 효과적인 접근이다.

# 90년대생과 일하는 방법

> **"** 팀 내 신세대 팀원들의 비중이 늘어나고 있습니다. 다들 스펙은 굉장
> 히 훌륭한데 성향이 거의 외계인 수준입니다. 너무 개인적인 성향이
> 강하고 조직에 잘 스며들지 못합니다. 팀 회식도 싫어하고 관심을 가
> 져주면 사생활 침해라고 합니다. 이들과 어떤 식으로 지내야 할까요?
> 이들이 일을 잘하게 하려면 어떻게 해야 할까요? **"**

    요즘 팀장들을 만나 보면 하나같이 고충을 토로하는 점이 한
가지 있다. 그것은 주니어 팀원에 관한 이야기다. 밀레니얼이나 Z세
대 등 여러 가지 이름으로 불리기도 하는데 나는 그냥 이들을 주니어
팀원이라고 호칭하고자 한다. 연령대별로 세분화하여 이름을 규정하
여 따지는 것이 사실 별 의미가 없어 보인다. 국가별로도 다르고 사회
발전의 속도와 사람의 성향에 따라 저마다 다르게 분류될 수 있기 때
문이다. 예를 들어 서구에서 말하는 밀레니얼 세대와 우리나라에서
요즘 나타나는 밀레니얼 세대는 연령대가 결코 같다고 볼 수 없다.

내가 주니어 팀원으로 규정하는 이들은 직급으로 따지면 대리급 이하 직원이며 나이는 20대 초반부터 30대 초반에 해당하는 사람들이다.

어느 시대에나 조직 사회에서 늘 젊은 주니어 세대에 대한 고민이 있었다. 참고로 나 역시도 회사에 처음 입사했을 시기에 X세대라는, 당시로서는 매우 파격적이며 신세대 느낌이 물씬 나는 멋진 이름으로 분류된 적도 있었다. 오늘날 X세대는 사회적으로 한물간 세대를 상징하는 대표적인 이름이 되어버린 상태지만 말이다.

아무튼 예나 지금이나 조직은 늘 새로운 세대에 대한 고민을 해왔고 앞으로도 계속 그럴 것이다. 한 사회가 발전하려면 기성세대가 새롭게 성장하는 세대를 잘 이해하고 그들이 일을 잘하고 생활할 수 있는 여건을 마련해주는 것이 무엇보다 중요하기 때문이다. 그런데 요즘 부쩍 이러한 밀레니얼이나 Z세대에 대한 이야기가 많이 나오는 이유는 그만큼 우리 사회의 변화의 속도와 폭이 가히 혁명적인 수준으로 이뤄지고 있기 때문일 것이다. 이에 따라 기성세대와 새로운 세대 간의 일과 삶에 대한 인식과 태도가 너무나도 확연하게 차이가 나고 있다. 마치 서로 반대편에 서 있다는 느낌이 들 정도로 말이다. 그리고 점점 이와 같은 현상은 더욱 심화될 것으로 예상된다.

그래서 이 글에서는 요즘 조직 사회에서 주니어 세대가 어떤 성향의 사람들인지 알아보고 이들을 케어하기 위해 어떤 노력이 필요한지 정리하고자 한다. 먼저 주니어 세대를 이해하려면 기성세대가 어떤 사람들인지를 아는 것이 중요하다. 어쩌면 기성세대의 반대말이 주니어 세대일 수 있기 때문이다. 다만 이 글을 읽으면서 유의해야 할 점이 있다. 여기에서 제시하는 세대의 특성은 하나의 주된 현상 정도로만 참고해 달라는 점이다. 사람은 저마다 다르기 때문이다. 십 인십색의 세상을 넘어 일인십색의 세상에서 오로지 하나의 특성으로만 주변 사람을 이해하고자 한다면 그것만큼 위험한 접근은 없을 것이기 때문이다.


## | 기성세대의 특성

기성세대는 크게 다음 일곱 가지 특성으로 정리할 수 있다.

첫째, 기성세대는 일에 대한 책임 의식이 강한 편이다. 과거에는 회사에서 못다 한 일이 남아 있으면 휴일 근무나 야근이 당연했다. 심지어 휴가 계획을 잡아놓은 상태에서도 회사에 일이 생기면 휴가를 연기하거나 취소하는 일도 있었다.

둘째, 기성세대는 '해병대 정신'을 가지고 있다. '해병대 정신'이라는 것이 좀 생소하게 들리겠지만 그만큼 조직에 대한 충성심이 강하다는 의미로 이해하면 된다. 조금 과장하면 기성세대는 조직에 뼈를 묻는다는 마음으로 일해온 사람들이다. 과거에는 직장인들이 회사를 잘 옮기지 않았다. 한 번 회사에 입사하면 평생직장이라는 생각으로 일했다. 회사를 옮기는 것은 좋은 일이 아니었고 회사를 자주 옮기는 사람에 대한 인식도 그리 좋지 않았다. 이러한 사회적 기조가 바뀌기 시작한 시점은 아마도 IMF 금융위기를 겪으면서일 것이다. 평생직장이라는 개념이 무너지면서 이후 회사를 옮기는 풍조가 우리 사회의 급격한 변화 트렌드로 자리 잡게 되었다.

셋째, 기성세대는 '전체와의 조화'를 중시하는 성향이 있다. 대세를 따라가는 경향이 강하고 주변의 눈치도 보면서 말을 가려 하는 편이다. 전체의 이익에 어긋날 것 같으면 자신의 권리도 알아서 포기하는 경향도 있다.

넷째, 기성세대는 '장유유서'의 정신이 강한 사람들이다. 조직에서는 윗사람이 중요하고 윗사람의 생각을 따르는 것을 중요하게 생각했다. 이는 과거의 농경문화나 산업 사회의 특성이 반영된 결과이기도 하다. 변화가 많지 않은 세상에서 가장 중요한 것은 과거의 경험이다. 따라서 많은 경험을 가진 연장자가 사회에서 중요한 역할을 할 수밖에 없었다.

다섯째, 기성세대는 '면대면 소통'을 중요하게 생각한다. 면대면 소통은 본래 인간 사회에서 원래 해왔던 소통의 기본 방식이다. 그런데 요즘 SNS가 소통의 주요 트렌드로 자리 잡으면서 과거에 당연하다고 생각했던 대면 소통 방식이 새롭게 인식되고 있다.

여섯째, 기성세대는 삶을 일과 동일시하는 성향이 강하다. 먹고살기 힘들었던 어려운 시기에 살아왔던 세대이니만큼 삶에서 일이 가장 중요하고 일을 떠난 삶을 생각하기란 어려웠다.

마지막으로 기성세대는 '노력과 인내'를 소중한 삶의 가치로 생각하는 경향이 있다. 당연히 삶에서 중요한 우선순위가 직장과 일이니,

그것을 잘하기 위해서는 어려움을 견디고 앞으로 나아가는 힘이 중요하다고 생각하는 것이다.


## | 신세대의 특성 |

그렇다면 신세대는 어떤 특성이 있을까? 앞에서 기성세대에 대한 특성을 알아보았다. 쉽게 말하면 신세대는 앞에서 언급한 기성세대의 특성과는 반대로 생각하면 된다.

첫째, 기성세대는 일에 대한 책임 의식이 강하다고 표현했는데 신세대는 개인의 삶을 더 중요하게 생각한다. 회사에서의 일은 개인의 삶에 비해 우선순위가 살짝 밀린다고 보면 된다. 그렇다고 해서 신세대가 일에 대한 책임 의식이 없다고 단정지을 수는 없다. 사람에 따라서도 다를 것이다. 다만 개인의 삶을 더 중요하게 생각하기 때문에 일이 아무래도 우선순위에서 밀릴 가능성이 좀 더 높다고 이해하는 것이 좋겠다.

둘째, 기성세대를 '해병대 정신'이라고 비유한다면 신세대는 '보헤미안 기질'이다. 한 군데에 정착하여 뿌리내리기보다는 자기 생각이나 선호에 따라 언제든지 다른 곳으로 떠날 수 있다. 최근 기업마다 신입 사원의 높은 이직률로 골머리를 앓고 있는데 이는 자연현상이라 생각한다. 과거처럼 회사에 대한 높은 충성심을 가질 것이라는 기대는 아예 하지 않는 것이 좋다.

셋째, 신세대는 매우 강한 자아를 가지고 있다. 남들이 좋아한다고 같이 따라서 좋아하는 일이 없다. 대세를 따르는 기성세대와 달리 자신만의 개성과 감성을 중요하게 생각한다.

넷째, 신세대는 자신이 무시당하는 환경을 견디지 못한다. 이는 신세대가 자라온 환경을 보면 쉽게 이해가 된다. 사람에 따라 물론 다를 수는 있겠지만 이전 세대보다 외자식이 많아 더 많은 관심과 케어를 받는 양육 환경에서 성장해왔다. 쉽게 말하면 이전 세대보다 좀 더 존중받는 성장 환경인 것이다. 그러다 보니 누군가로부터 야단을 맞거나 질책을 당하는 상황이 상대적으로 익숙하지 않을 가능성이 높다.

다섯째, 신세대는 'SNS 세대'로 대변된다. 어린 시절부터 SNS 사용에 익숙하다 보니 소통의 주요 방법이 SNS가 되어버린 것이다. 심지어 상대를 곁에 두고도 SNS로 소통하는 경우도 자주 목격할 수 있다. SNS는 사실 소통에 적합한 도구라고 볼 수 없다. 물론 다양하게 자신의 감정을 표현하는 이모티콘 같은 것들이 발달하긴 했지만 소통 상황에서 눈으로 보고 느껴야 알 수 있는 맥락을 이해하는 데 매우 취약한 면을 가지고 있다. 그러다 보니 신세대는 상대적으로 대면 소통에 익숙하지 않고 때로는 취약한 모습을 보이기도 한다.

여섯째, 신세대는 재미와 의미를 추구한다. 무엇을 하든 그것이 재미가 있거나 의미가 있거나 아니면 둘 다 있어야 한다. 재미도 없고 의미도 없는 일을 하는 것을 매우 싫어하는 경향이 있다.

마지막으로 신세대는 진득이 견디는 것을 선호하지 않는다. 왜냐하면 어린 시절부터 시간을 두고 뭔가를 기다리는 일에 대한 경험이 상대적으로 적었기 때문이다. 물질적으로 풍요로운 세상에서 성장하다 보니 필요한 것이 있으면 곧바로 얻을 수 있었다. 뭔가를 주문하면 금세 배송이 되는 세상이다. 신세대는 빠른 성취 욕구를 가지고 있다. 이런 세상에서 성장하다 보니 뭔가를 기다리는 것을 좋아하지도 않고 그럴 필요도 없다고 생각한다.

기성세대와 신세대의 특성을 비교해보았다. 기성세대와 신세대의 특성은 다음의 표로 한눈에 쉽게 이해할 수 있을 것이다.

**| 기성세대와 신세대의 특성 비교 |**

| 기성세대 | 신세대 |
|---|---|
| 일에 대한 책임이 강하다. | 개인의 삶이 더 중요하다. |
| 한 조직에 오랫동안 머무르려는 성향이 강하다. | 조직은 언제든 떠날 수 있는 것이다. |
| 대세를 따라야 한다.<br>때로는 내 생각을 죽여야 한다. | 내 생각과 느낌이 중요하고 그것에 충실해야 한다. |
| 윗사람을 존중해야 한다. | 내가 가장 중요하다. 내가 존중받아야 한다. |
| 소통을 할 때는 만나야 한다. | 소통은 SNS 소통이 편하다.<br>그리고 이것으로 충분하다. |
| 나의 삶은 일이 중심이다. | 무엇을 하든 재미가 있거나 의미가 있어야 한다. |
| 뭔가를 얻으려면 노력과 인내가 따라야 한다. | 빠르게 얻을 수 없으면 그것은 얻을 수 없는 것이다. |

이처럼 기성세대와 거의 반대 성향을 가진 신세대와 어떻게 일해야 할지 고민이 많을 것이다. 여기서 중요한 것은 신세대의 특성을 문제가 있는 것으로 이해해서는 절대 안 된다는 점이다. 대개 사람은 자신과 다른 성향을 가진 사람을 만나게 되면 그것을 잘못된 것 또는 고쳐야 하는 것으로 인식해버리는 경향이 있다. 만약 그런 식으로 접근한다면 신세대와는 영원히 좋은 관계를 형성하기도 어렵고 함께 일한다는 것은 불가능한 일이 되고 말 것이다. 있는 그대로 받아들여야 한다. 그것을 앞으로 점점 더 강해지게 될 사회 변화의 큰 트렌드로 이해해야 한다. 그리고 그들과 어떻게 잘 일해 갈 수 있을까를 고민해야 한다.

신세대와 함께 일할 때 가급적 지켜야 하는 원칙을 몇 가지 제시하고자 한다. 이는 앞에서 이야기한 신세대의 특성을 바탕으로 정리한 것이다.

첫째, 업무를 지시할 때는 보다 공을 들여 명확한 설명을 해주어야 한다. 명확한 업무 지시는 항상 중요하지만 신세대에게는 더더욱 그렇다. 이들은 명확하지 않거나 애매한 것을 매우 싫어한다. 특히 왜 해야 하는지 설득이 되지 않은 일에 대해서는 알레르기 반응을 보이는 경향이 있다. 상대적으로 업무 경험이 짧고 역량이 부족하다는 것도 고려하여 최대한 그의 눈높이에서 정확하고 자세한 설명을 해주어야 한다. 특히 일의 목적이나 배경에 대해서는 더욱 공을 들여 설명해주어야 한다. 신세대는 일의 의미를 매우 중요하게 생각한다는 점을 잊어서는 안 된다.

둘째, 최대한 그가 자기 생각을 말하고 표현할 수 있도록 도와주어야 한다. 기성세대가 자기 생각을 말하지 않고 있는 상황은 대체로 대세를 따르는 동의의 표현으로 받아들여졌다. 그러나 신세대는 그렇지 않다. 말을 하지 않고 있다고 해서 그것을 동의로 받아들여서는 안 된다. 아니, 말하지 않는 것은 동의하지 않는다고 받아들이는 편이 더 맞을 것이다. 따라서 최대한 그의 생각을 말할 수 있도록 도와주고 그의 생각을 존중하는 입장을 보여야 한다. 만약 그의 생각대로 될 수 없는 상황이라면 배경 설명을 충분히 해서 납득할 수 있게 해주어야 한다.

셋째, 일할 때 칭찬 등 긍정적인 말의 비율을 극적으로 올려줘야 한다. 우리나라 리더들은 대체로 칭찬에 매우 취약한 면을 가지고 있다. 왜냐하면 과거에 칭찬을 받았던 일들이 그리 많지 않았기 때문이다. 일하면서 욕이나 안 먹으면 다행일 정도로 과거의 조직 문화는 많이 척박했다. 그러다 보니 칭찬에 인색하고 무엇을 칭찬해야 할지도 잘 모르는 경향이 있다. 칭찬의 비율을 높이는 데는 사소한 것까지 찾아서 칭찬하는 것밖에는 방법이 없다. 작은 것이라도 그가 노력하고 있는 점이나 잘한 점이 보일 때는 주저하지 말고 칭찬이나 감사 등 긍정적인 말을 챙겨서 할 수 있어야 한다.

넷째, 업무는 한꺼번에 큰일을 주기보다는 잘게 쪼개 주는 것이 좋다. 한꺼번에 큰일을 맡게 되면 누구나 큰 부담을 갖게 된다. 주니어 직원은 더더욱 그렇다. 특히 빠른 성취 욕구를 가진 신세대의 특성을 고려해야 한다. 그때그때 성취감을 느낄 수 있도록 일을 나눠서 부여하는 편이 바람직하다. 이 방법이 좋은 이유는 일을 나눠서 부여하기 때문에 그만큼 해당 팀원을 접하고 소통할 기회와 시간이 많아지기 때문이다. 더불어 일의 결과에 대한 피드백을 더 자주, 더 많이 제공할 수 있다.

다섯째, 휴일 근무나 야근은 가급적 피하는 것이 좋다. 만약 피치 못하게 해야 하는 상황이 발생하면 반드시 사전에 공지하여 계획된 형태로 진행해야 한다. 일전에 한 팀장이 고개를 설레설레 저으며 나에게 다음과 같은 하소연을 전해왔다.

"국세청에서 세무조사가 나왔습니다. 이는 우리 팀에 있어 비상상황인 거죠. 그런데 주니어 팀원이 퇴근 시간이 됐다고 퇴근해버린 거예요. 미치는 줄 알았습니다."

그의 황당한 표정은 지금도 잊지 못한다. 내가 만약 그 팀장의 입장이라도 그랬을 것이다. 그런데 한편으로는 사전에 해당 팀원과 관련 내용에 대해 충분한 소통이 이뤄졌는지 한번 생각해볼 일이다. 개인의 삶을 삶의 가장 중요한 우선순위로 두는 신세대는 일과 이후의 시간은 온전히 자신의 것이어야 한다는 강한 믿음을 가지고 있다. 회사에 급박한 일이 생겼다고 그것을 양보할 이유가 없다고 생각한다. 과거처럼 팀원들이 조직을 위해 알아서 움직이는 것을 기대하는 것은 정신건강에 좋지 않다. 따라서 이와 같은 문제를 다시 겪지 않으려면 사전에 충분한 소통과 합의 과정이 필요하다. 구체적으로 말하자면 팀이 반드시 휴일 근무나 야근을 해야 하는 상황이라면 팀원들과 소통을 통해 미리 정하고 서로 합의할 수 있어야 한다. 이런 과정을 거치게 되면 휴일 근무나 야근을 하더라도 불만을 최소화할 수 있을 것이다. 한 가지 더 첨부한다. 이제 팀원들의 저녁 시간에 대해서는 더 이상 미련을 갖지 않는 것이 좋겠다. 그 시간은 회사도 팀장도 결코 탐할 수 없는 시간이다.

여섯째, 주니어 팀원은 늘 가까이에서 살펴야 한다. 앞에서 언급한 것처럼 신세대는 보헤미안 기질을 가지고 있다. 조직이나 회사를 떠나는 것을 그렇게 힘들게 생각하지 않는다. 여차하면 떠날 준비가 되어 있는 사람이고 지금 이 순간에도 다른 회사에 이력서를 넣고 있는 상황일 수 있다. 그와 자주 만나고 대화하면서 조직에 마음을 붙일 수 있도록 도와주어야 한다. 대개 조직에 마음이 떠나면 말수가 줄어드는 경향이 있다. 혹시 말수가 줄어들거나 이전과 다르게 소극적인 모습을 보인다면 동요 상태일 수 있으니 좀 더 면밀하게 관심을 가져주어야 한다. 사람은 사람에게 실망하여 조직을 떠나는 일이 많다. 특히 자신을 무시하거나 소외시키는 환경은 더더욱 그렇다. 자신을 챙기는 사람이 있다는 느낌이 들면 함부로 떠나는 결정을 하지 못한다.

밀레니얼 세대도 같은 사람이다. 앞서 말한 바를 참고한다면 누구보다 좋은 팀원이 되어줄 것이다.

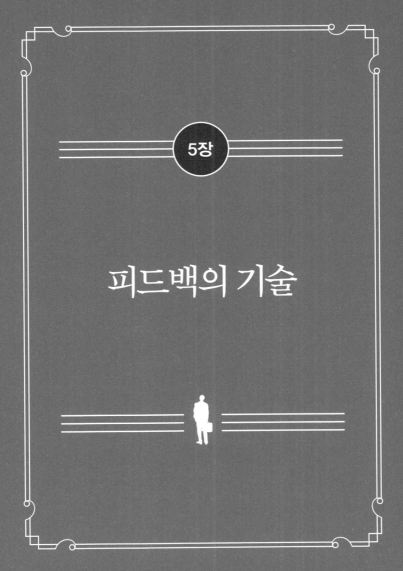

5장

피드백의 기술

# 평가, 연초부터 하라

> " 연말만 되면 미치겠습니다. 팀원들은 다들 열심히 일했다고 생각하고
> 높은 인사고과를 기대하고 있습니다. 하지만 회사에서 정해진 비율이
> 있으니 어쩔 수 없이 그것을 따라야만 합니다. 요즘 팀원들은 하위 고
> 과를 받으면 그냥 있지 않습니다. 왜 자기가 그것밖에 되지 않느냐고
> 따집니다. 인사평가, 어떻게 하면 좋을까요? "

　　신임 팀장이 가장 힘들어하는 것이 있다. 바로 인사평가다. 아
니 인사평가는 신임 팀장뿐만 아니라 평가 권한을 가지고 있는 이 세
상의 모든 팀장이 가장 힘들어하는 일이다. 사람이 사람을 평가한다
는 것이 쉬운 일이겠는가? 더욱이 모든 팀원이 촉각을 곤두세우고
있고 나름대로 결과에 대한 기대가 있다. 스스로 열심히 일하지 않
았다고 생각하는 사람도 없으며, 평가 결과가 승진이나 보상과도 연
결되어 있지 않은가? 이런 상황에서 팀장은 팀원들이 수긍할 수 있
는 인사평가를 해야만 한다.

인사평가와 관련한 단 하나의 진리는 '모든 사람을 만족시키는 인사평가는 불가능하다'는 점이다. 특히 순위를 정해야 하는 상대평가가 주류를 이루고 있어 인사평가의 결과는 '나의 행복은 남의 불행, 남의 행복은 나의 불행'이라는 구조를 벗어날 수 없다. 인사평가를 받는 직원들을 대변하여 말하자면 아주 상위 고과를 받았을 때를 제외하고는 대부분 인사평 결과에 대해 불만을 갖게 된다는 점이다. 특히 형편없는 하위 고과를 받았을 때는 회사생활이 끝난 것과도 같은 절망감을 느끼기도 한다.

"내가 왜 이것밖에 안 되지?"

"분명히 저 사람보다 일도 더 많이 했고 성과도 좋은데 왜 저 사람보다 못한 평가를 받는 거지?"

"한 가지 죄라면 일만 열심히 한 것뿐인데…."

"도대체 이 회사는 뭘 가지고 사람을 평가하는 거야?"

연공서열, 사내 정치, 조직 간 비율이나 구색 맞추기, 상사의 사람에 대한 독특한 선호 등 조직 내에는 평가와 관련된 여러 가지 불합리한 요인들이 존재하는 경우가 많다. 직원들 역시 이러한 사실을 잘 알다 보니 인사평가 결과를 신뢰하지 못하는 경우도 많으며 특히 그것이 자신과 연관되어 있다는 느낌을 가질 때는 평가 결과에 대해 좋은 감정을 갖기가 어렵다.

인사평가는 HR의 최대 화두라 해도 과언이 아니다. 우리나라의 HR 조직에서 일하는 사람치고 인사평가에 관해 관심과 고민을 하지 않는 사람은 없을 것이다. 인사평가는 직원들의 첨예한 관심사임과 동시에 조직의 미래의 흥망성쇠를 결정지을 수 있는 중대한 사안이기 때문이다.

## | 왜 평가에 대해 불만이 생길까?

인사평가는 구조상 모두를 만족시킬 수 없으므로 불만족을 최소화하는 방향으로 이뤄져야 한다. 어떻게 하면 팀장은 팀원들의 불만을 최소화할 수 있는 인사평가를 할 수 있을까?

인사평가가 비교적 쉽고 명확한 조직이 있다. 그것은 실적이 눈에 보이는 판매 조직이다. 예를 들면 자동차 영업 직원의 경우 일을 잘하면 잘하는 대로 못하면 못하는 대로 자신의 성과를 스스로 너무나도 잘 안다. 사무실 한쪽 면에 붙어 있는 보드에 각 직원의 판매 수치가 그래프로 그려져 있다. 이렇게 한 개인의 성과가 정량적인 숫자로 드러나는 곳에서는 인사평가의 공정성에 대해 반박의 여지가 없다. 평가자 역시 별다른 신경을 쓰지 않아도 된다. 굳이 자신이 애쓰지 않아도 평가 결과가 반박 불가능한 형태로 저절로 나타나 있기 때문이다. 더구나 늘 직원들에게 노출되어 있어 직원들이 자신의 상태를 잘 알기 때문이다.

하지만 대부분의 조직에서는 이와 같은 단순하고 명쾌한 평가 시스템을 갖기 어렵다. 우선 조직 전체의 성과가 개인별로 명확하게 나눠지지 않는다. 대부분의 주요 업무는 프로젝트 단위로 구성되어 있어 팀플레이를 해야만 한다. 더구나 저마다 하는 일의 난이도가 제각각인 데다, 새롭게 추진하는 신규 프로젝트인 경우에는 일을 어느 정도 수준까지 해야 잘했다고 볼 수 있는지 판단 근거나 기준이 명확하지 않다. 예를 들어 쉬운 일을 잘한 사람과 어려운 일을 못한 사람이 있을 때를 생각해보자. 이때 누가 일을 더 잘했다고 말할 수 있겠는가? 단순히 높은 성과를 냈다고 해서 높은 고과를 줄 수 있는 것도 아니며 낮은 성과를 냈다고 해서 낮은 고과를 줄 수 있는 것도 아니다.

이런 복잡한 상황에서 피평가자의 불만을 최소화할 수 있는 유일한 방법은 평가 기준에 대한 평가자와 피평가자 간의 사전 합의일 것이다. "당신은 공정한 인사평가를 하고 있습니까?" 이 질문에 "NO"라고 답하는 팀장을 나는 본 적이 없다. 저마다 공정한 평가를 위해 최선을 다하고 있다는 것이다. 하지만 평가를 받는 직원의 입장은 다르다. "인사평가가 공정하다고 생각하십니까?"라고 물어보면 절반 이상은 그렇지 않다고 말한다.

평가자는 공정하게 평가하고 있다고 생각하는데 피평가자는 평가 결과를 받아들일 수 없는 것이다. 왜 이런 현상이 발생할까? 그 이유는 무엇보다 팀장과 팀원이 생각하는 평가 기준이 서로 다르기 때문이다. 제아무리 공정한 평가 기준이라 하더라도 그것이 팀장의 머릿속에만 있는 것이라면 팀원들은 그 결과를 믿을 수 없는 것이다.

예를 들면 자동차 판매를 미션으로 하는 영업 조직의 경우 '자동차 판매 대수'로 평가하는 것이 공정하게 느껴지는 이유는 숫자로 나타나는 정량적인 평가 기준을 가지고 있기 때문이 아니다. 바로 평가자와 피평가자가 사전에 알고 공감하는 평가 기준이기 때문이다. 만약 평가자의 머릿속에 '자동차 판매 대수'도 중요하지만 매장을 찾아오는 '내방 고객의 만족도'라는 지표도 중요하다는 생각이 퍼뜩 떠올랐다고 가정하자. '내방 고객의 만족도'는 당장은 아니지만 장기적으로 자동차 판매 대수에 영향을 주는 요인임에 틀림없기에 이 역시 합리적인 평가 지표로 볼 수 있다. 그런데 이를 판매 직원들에게 알리지 않은 상태에서 연말에 평가 기준에 반영한다면 직원들은 크게 반발하지 않을 수 없을 것이다. 제아무리 객관적이고 탁월한 평가 기준을 가지고 있다 하더라도 이것이 사전에 공유되고 합의되지 않은 것이라면 평가 기준으로 활용해서는 안 된다.

이 같은 관점에서 팀장은 연초에 팀원들과 평가 기준에 대한 공유와 합의의 시간을 가져야 한다. 그리고 합의된 평가 기준 외에 다른 요소는 일절 인사평가에 반영되지 않도록 주의를 기울여야 한다.


## | 인사평가는 연초부터 시작하는 것이다

인사평가는 연말 행사라고 생각하는 사람들이 많은데 이는 올바른 관점이 아니다. 인사평가는 연말에 몰아서 하는 것이 아니다. 인사평가는 연초부터 시작하는 것이다. 명확한 평가 기준이 제시되면 팀원들의 행동은 분명히 방향성을 갖게 된다. 평가 기준이 명확지 않은 조직에서 나타나는 현상을 보면, 직원들의 행동이 방향이 없고 전체적으로 산만한 경향을 보인다. 그리고 일에 집중하기보다는 리더의 눈치를 보거나 비위를 맞추는 데 여념이 없다. 무엇으로 평가받을지 모르는 상태이므로 가장 확실한 사람에게 잘 보이는 방식을 선택하는 것이다.

이렇게 연초에 합의된 평가 기준이 만들어졌다고 해서 연말까지 평가와 관련해서 손 놓고 있어서는 안 된다. 평가는 연초부터 시작하여 연말까지 쉼 없이 진행되는 연중행사다. 앞의 자동차 판매 조직의 경우 매일같이 직원들은 자신의 실적을 눈으로 확인할 수 있다. 다시 말하면 일하면서 늘 평가받고 스스로 평가 결과를 수시로 확인하는 시스템인 것이다.

인사평가 시즌이 되면 직원들은 자신이 어떤 평가 결과를 받게 될 것인지 몹시 궁금해한다. 한 해 동안 저마다 열심히 일했다고 생각하기에 은근히 좋은 결과를 기대하는 경향이 있다. 다행히도 좋은 고과를 받게 되면 안심이지만 좋은 고과를 받을 줄 알았다가 낮은 고과를 받게 되면 그 충격에서 오랫동안 헤어나지 못한다. 인사평가가 이런 모습이어서는 곤란하다.

연말이면 약간의 차이는 있을 수 있겠지만 좋으면 좋은 대로 나쁘면 나쁜 대로 팀원들이 각자 자신이 어떤 인사 고과를 받게 될지 예측이 가능해야 한다. 수험생은 시험을 보고 나서 결과가 나오기 전에 자신의 점수를 예측할 수 있다. 시험을 잘 본 것 같으면 결과가 대체로 좋고 못 본 것 같으면 결과가 대체로 안 좋다. 그런데 인사고과는 결과가 나오기 직전까지 '깜깜이'인 경우가 많은데 만약 그렇다면 팀의 인사고과 시스템이 엉망진창이라고 보아도 결코 틀린 말이 아닐 것이다.

인사평가가 공정하다는 것은 직원들이 인사평가 결과를 기꺼이 수용할 수 있어야 한다는 말이다. 그러기 위해서는 앞에서 언급한 대로 연초에 합리적인 평가 기준이 세워지고 직원들에게 공유되어 있어야 한다. 그러나 이것만으로는 곤란하다. 바로 중간중간 팀원들에게 현재 어떤 상태에 있는지를 알려주는 주기적인 피드백 시간을 가져야 한다. 그래서 팀원으로 하여금 현 상태에서 스스로 잘하고 있는지, 못하고 있는지를 분명히 알게 해주어야 한다. 이를 전문 용어로 'Performance Review & Coaching'이라고 한다. 줄여서 PR&C라고도 한다. PR&C는 팀장이 팀원과 일대일로 만나 일정 기간의 성과를 되돌아보고 팀장과 팀원이 더 나은 성과를 위해 머리를 맞대고 대화를 나누는 장이다.

PR&C의 원칙

- 전 팀원과 일대일로 주기를 정해 만난다.
- 정해진 기간의 성과를 냉정하게 되돌아본다.
- 잘한 점은 칭찬하고 못한 점은 잘할 수 있도록 격려한다.
- 팀원 혼자서 해결할 수 없는 고충을 듣고 함께 해결 방안을 모색한다.
- 일방적으로 질책하는 자리가 되지 않도록 한다.
- 대화의 주도권을 팀원에게 넘긴다.

PR&C의 주기는 조직의 성격이나 일의 속성에 따라 정하면 된다. 하지만 최소한 분기에 1회 정도는 시행되어야 하며 고객이나 시장 환경의 민감도에 따라 주기를 짧게 가져가는 것이 좋다. PR&C에서 팀장은 해당 팀원이 무엇을 잘했고 무엇을 더 잘해야 하는지를 명확하게 이야기해줄 수 있어야 한다. 이는 철저히 연초에 정리된 평가 기준에 기반하여야 하며 시장 환경의 변화에 따라 개인의 임무나 목표가 달라질 경우 이를 새롭게 평가 기준에 반영하는 것이 좋다. 나는 PR&C를 냉정과 열정이 함께 교차하는 장이라고 부른다. 왜냐하면 성과에 대해서는 냉정하게 짚어주고 팀원이 보다 열정적으로 일할 수 있도록 격려를 해주어야 하기 때문이다. 또한 PR&C는 팀원 개인 차원에서 해결할 수 없는 문제가 있을 때 함께 해결책을 고민하고 지원을 약속하는 시간이 되어야 한다.

## | 성과 피드백을 반드시 하라 |

PR&C는 성과에 대한 논의가 이뤄지는 장이다 보니 팀원에게는 매우 민감한 시간이 될 가능성이 높다. 실적 부진에 대한 질책으로만 일관한다면 팀원에게 지옥과 같은 시간이 될 것이다. 그래서 PR&C를 잘하는 리더는 대화의 주도권을 자신이 갖지 않는다. 말하기보다는 듣기를 선택한다. 질문을 통해 팀원의 생각을 충분히 들으려고 한다. 팀원이 거둔 성과와 그 속에서 자신이 잘한 점과 개선이 필요한 점을 스스로 정리하여 말하게 한다. 즉 스스로 자기 평가를 할 수 있는 시간을 주는 것이다. 타인으로부터 일방적으로 듣는 것보다 자신의 입으로 정리하는 것이 팀원 입장에서도 도움이 된다. 스스로 모호했던 생각을 명확히 정리할 수 있음은 물론 기억에도 오래 남는다.

다음 일곱 가지 질문은 팀장이 PR&C를 할 때 팀원에게 꼭 물어 봐야 할 것이다.

1. 당신이 달성하고자 했던 목표(이상적인 결과)는 무엇이었습니까?

2. 그것을 현재 어느 수준(현재 수준)으로 달성했다고 생각합니까?

3. 목표와 달성 수준의 차이가 발생한 이유는 무엇입니까?

4. 앞으로 차이를 줄이거나 목표를 달성하기 위해 무엇을 할 계획입니까?

5. 당신은 우리 팀의 성과와 팀워크 차원에서 어떤 기여를 하고 있습니까?

6. 앞으로 우리 팀에 어떤 기여를 하고자 합니까?

7. 당신이 보다 일을 잘할 수 있도록 팀장인 내가 도와주어야 할 점은 무엇입 니까?

상기 일곱 가지 질문은 팀원이 자신의 성과와 해온 일을 되돌아보고 팀의 일원으로서 자신의 역할에 대해 스스로 생각해보는 데 도움이 될 것이다. 팀장은 이와 같은 질문을 통해 팀원의 이야기를 충분히 듣고 이 가운데서 팀원이 스스로 생각하지 못한 부분에 대해 조언과 당부를 할 수 있을 것이다. 또한 팀장으로서 각 팀원을 어떻게 도와야 할지에 대한 아이디어도 찾을 수 있을 것이다.

한편 팀장이 가장 어려워하는 PR&C가 있다. 그것은 연말 인사평가 피드백이다. 다음은 직원 200여 명을 대상으로 한 인사평가 피드백에서 의미 있었던 요인과 실망스러웠던 요인을 조사한 내용이다. 이 결과는 다른 회사에서도 크게 다르지 않을 것이다.

**| 직원들이 말하는 인사평가 피드백 케이스 |**

| 의미 있는 평가 피드백 | 실망스러운 평가 피드백 |
|---|---|
| • 구체적 자료와 근거를 제시한 명확한 피드백<br>• 진정성 있는 커뮤니케이션<br>• 강·약점 리뷰를 통한 개선 방향 제시 | • 형식적이거나 면담 없는 일방적인 결과 통보<br>• 평가에 대한 구체적인 논리 및 근거 부족<br>• 개선을 위한 동기부여 결여 |

팀원들의 한 해 농사에 대해 별도의 피드백 없이 얼렁뚱땅 넘어가는 팀장들도 많다. 아마도 직접 피드백을 하는 상황이 몹시 불편하기 때문일 것이다. 평가자로서 최종 평가 결과와 그 이유에 대해서도 직접 피드백해주는 것이 평가자의 책무다.

피드백을 반드시 해야 하는 이유는 크게 두 가지다. 첫 번째 이유는 팀장 자신에 관한 것이다. 팀장이 직접 팀원에게 평가 결과에 대한 피드백을 해주어야 한다는 책무를 지면 절대 자의적인 평가나 감에 의한 평가를 할 수 없게 된다. 팀원이 수긍할 수 있는 논리와 이를 뒷받침하는 구체적인 데이터를 확보해야 하기 때문이다. 두 번째 이유는 피드백이야말로 팀원 스스로의 발전에 도움이 되는 것이기 때문이다. 팀원은 자신이 들은 피드백을 바탕으로 자신의 일하는 방식이나 태도 등을 돌아볼 것이다. 자신의 강·약점을 파악하게 되고 좀 더 나은 모습을 갖기 위해 노력할 것이다.

팀원 입장에서는 하위 고과를 받게 되면 오만 가지 부정적인 생각을 가질 수 있다. 자기 스스로에 대한 실망감에서 비롯되는 자괴감과, 자신을 몰라주는 사람과 조직에 대한 배신감까지. 평가 결과에 대한 피드백을 해주지 않는다는 것은 시험을 본 수험생에게 시험 점수만 알려주는 것과 같다. 그가 향후에 더 좋은 점수를 받으려면 어떤 문제를 맞았고 어떤 문제를 틀렸는지를 알아야 하지 않겠는가? 평가의 진정한 목적은 한 해 동안의 성과에 대한 보상도 될 수 있지만 그보다는 개인의 성장과 동기유발을 위한 것이라는 점을 잊어서는 안 된다. 그가 무엇을 잘했고 그에게 무엇이 아쉬우며 앞으로 잘할 수 있을 거라는 기대감과 팀장의 지원 계획이 함께 이야기되어야할 것이다. 현명한 팀장은 평가 결과의 성실한 피드백을 통해 팀원들을 육성한다.

# '원온원 미팅'으로 두 마리 토끼 잡기

> 팀원과 면담을 잘하고 싶습니다. 그런데 어떻게 된 게 제가 면담을 하자고 하면 팀원들이 되게 힘들어합니다. 우연의 일치인지는 몰라도 심지어 면담하고 나서 얼마 후 회사를 그만두는 팀원도 생겼을 정도입니다. 면담은 필요한 활동인 것 같은데 어떻게 해야 할지는 솔직히 모르겠습니다. 팀장으로서 면담할 때 꼭 해야 하는 행동이나 절대 해서는 안 되는 행동 같은 것이 있나요?

팀원들과의 면담을 어려워하는 팀장들이 많다. 어떤 팀장은 딱히 할 말도 없고, 듣고 마땅히 해줄 말도 없다며 면담 자체를 일절 하지 않는다. 어떤 팀장은 팀원에게 훈계나 야단에 가까운 잔소리만 실컷 늘어놓는다. 또는 자신의 과거 무용담을 일장 연설하는 경우도 많다. 어떤 팀장은 하지 않으면 안 될 것 같은 의무감에 면담이라고 하긴 하는데 팀원 입장에서는 도대체 이걸 왜 하는지 이유를 알지 못한다. 팀장이 면담을 하면 할수록 직원들의 조직 만족도가 떨어지고 오히려 이직률이 높아진다는 웃지 못할 이야기도 있다.

팀원과 이뤄지는 모든 면담은 분명한 목적을 가지고 있어야 한다. 그리고 목적에 적합한 논의 주제를 사전에 정하고 서로 준비된 상태에서 면담이 진행되어야 한다. 쉽게 말하면 일단 만나고 보자는 주먹구구식 면담이 아니라 계획에 따른 체계적인 면담을 할 수 있어야 한다는 것이다. 팀장도 준비하고 팀원도 준비된 상태에서 대화를 할 수 있어야 한다. 그렇지 않으면 만나봐야 서로 할 이야기도 없고 해봐야 잡담 수준의 대화밖에 되지 않는다.

나는 면담이라는 말보다는 '원온원 미팅(1on1 Meeting)'이라는 표현을 사용하고자 한다. 면담은 사전적 의미로 '서로 만나서 얼굴을 보고 이야기하는 것'으로 정의되어 있다. 물론 우리가 생활 속에서 오랫동안 사용해온 표현이지만 비즈니스를 수행하는 조직 사회에서는 이보다 좀 더 의미가 명확하고 목적 지향적인 표현을 사용하는 것이 좋다는 판단이 들었기 때문이다. 더구나 조직 사회에서 면담이라는 말은 본래 의미와는 달리 상하 간 수직관계의 뜻으로 사용되는 경향이 있어 오늘날 조직 사회가 지향하는 수평적 관계와는 잘 어울리지 않는 듯한 느낌이 들기 때문이다. '원온원 미팅'이라는 말의 '원온원(1on1)'에는 수평적 의미가, '미팅(meeting)'이라는 말에는 목적성의 의미가 내포되어 있다. '원온원 미팅'은 굳이 설명하지 않아도, 듣는 사람이 어떻게 하는 것인지를 알 수가 있다. 비록 외래어이지만 이만큼 좋은 표현을 아직 찾지 못해서 그냥 사용하기로 한다.

'원온원 미팅'은 팀장과 팀원이 수평적인 관계에서 일대일로 만나

서로 공동 이슈를 논의하고 함께 해결 아이디어를 찾는 일련의 활동을 의미한다. 이는 일을 보다 생산적으로 하기 위한 최고의 소통 방법이며 이것이 잘 이루어지게 되면 팀장과 팀원의 신뢰 수준은 자연스레 올라갈 수밖에 없다. 원온원 미팅은 한마디로 팀장이 해야 하는 팀 경영활동 가운데 가장 중요한 것이다. 만약 팀장으로서 자신이 무엇을 해야 할지 잘 모르겠다면 원온원 미팅만 제대로 해도 최소한 무능하다는 이야기는 듣지 않을 것이다.

## | 원온원 미팅을 할 때 지양해야 하는 행동　　　　|

팀원과 원온원 미팅을 할 때는 다음 여섯 가지 행동만큼은 가급적 지양하는 것이 좋다.

- 사전 준비나 계획 없이 만나기
- 긴장감 조성하기(냉소적 표정 짓기 또는 인상 쓰기)
- 지적질이나 훈계하기
- 혼자 떠들기
- 다른 팀원 동향 물어보기
- 이리저리 말 옮기고 다니기

먼저, 사전 준비나 계획 없이 무작정 팀원을 불러 만나는 경우가 있다. 제아무리 똑똑한 사람일지라도 준비되지 않은 상태에서는 자기 생각을 제대로 말할 수 없다. 또한 팀장과 관계가 그리 편하지 않은 사람이라면, 팀장의 갑작스러운 호출은 많은 불편함을 느낄 수밖에 없을 것이다. 이런 상태에서 대화가 제대로 진행될 리가 없다. 또한 이런 주먹구구식 면담은 하고 나서도 남는 것이 없다. 뭔가 결정된 것도 없고 뜨뜻미지근한 형태로 마무리되어 버리고 만다.

둘째, 냉소적 표정을 짓고 있거나 인상을 쓰면서 팀원을 대하는 경우다. 사람은 대체로 자신이 어떤 표정을 짓고 있는지 잘 모르는 경향이 있다. 평생 볼 수 없는 얼굴이 바로 자기 자신의 얼굴이라고 하지 않는가? 별생각 없이 팀원을 만나게 되면 십중팔구 편치 않은 표정을 짓고 있을 가능성이 높다. 팀원 입장에서는 자신을 바라보는 팀장의 표정 하나하나에 예민해질 수밖에 없다. 팀장의 표정이 밝아도 시원치 않을 판에 험한 표정을 짓고 있다면 팀원은 팀장이 자신을 믿지 못하고 있다는 생각을 가질 수밖에 없다.

셋째, 시종일관 지적질이나 훈계를 하는 경우다. 바람직한 만남은 다음 만남이 기다려지는 마음이 들어야 한다. 야단맞고 기분 좋은 사람은 없다. 제아무리 멘탈이 강한 팀원이라도 한 바가지 야단을 맞고 나면 다시는 팀장을 만나고 싶지 않을 것이다.

넷째, 팀장 혼자서 일방적으로 자기 생각을 떠드는 경우다. 원온원 미팅은 쌍방이 서로 동등한 존재로서 서로의 생각을 주고받는 대화가 중심이 되어야 한다. 자기 생각만 일방적으로 떠드는 사람을 우리 사회는 꼰대라고 일컫는다. 오늘날 꼰대는 어느 곳에서도 대접받지 못한다.

　다섯째, 다른 팀원의 동향을 물어보는 경우다. 예를 들면 팀원과 대화 중에 제3의 팀원에 대해 슬쩍 물어본다. "그 친구 어때? 그 친구 요새 일 열심히 하나?" 의외로 팀원에게 이런 질문을 하는 팀장이 많다. 이런 경우 질문에 답해야 하는 팀원 입장에서는 매우 난감할 것이다. 사실 무슨 이야기를 해야 할지 잘 떠오르지도 않을 것이다. 마지못해 뭔가 말한다 해도 왠지 뒤끝이 찜찜할 것이다. 한편으로는 팀장이 팀원들을 이런 식으로 파악하는구나 하는 생각도 들어 마음 한구석에 팀장에 대한 불신도 싹트게 된다. 팀장과 팀원의 관계보다 대체로 팀원과 팀원 간의 관계가 훨씬 더 좋을 수 있다는 사실을 잊어서는 안 된다. 심지어 팀장과의 면담을 마치고 나면 팀원들은 자기들끼리 담배 피우면서 또는 차 한잔 마시면서 면담에서 주고받은 이야기를 공유하는 경우도 있다. 원온원 미팅은 팀장과 팀원 둘만의 특별한 시간이다. 둘만의 특별한 대화에서 다른 팀원에 대한 이야기를 하는 것은 전혀 어울리지 않는다. 타 팀원에 대해 뭔가 궁금한 것이 있으면 누군가를 통해서 들을 것이 아니라 해당 팀원과 직접 이야기하는 것이 바람직할 것이다. 좋은 이야기라면 몰라도 부정적인 이야기는 제삼자를 통해 전해지는 것이 가장 좋지 않다.

　마지막으로 원온원에서 서로 주고받은 내용을 다른 팀원에게 떠벌리고 다니는 경박스러운 행동을 해서는 안 된다. 종종 원온원 미팅을 하다 보면 민감할 수 있는 개인사가 나오는 경우가 있다. 어렵사리 용기를 내어 팀장에게 털어놓은 내용을 팀장이 나서서 떠들고 다닌다면 당사자는 몹시 치욕스러운 느낌을 갖게 된다. 원온원 미팅이 단둘이 이뤄지는 이유를 깊이 새겨야 한다.

## | 바람직한 원온원 미팅을 이끄는 팀장의 일곱 가지 행동 |

바람직한 원온원 미팅을 원한다면 다음 일곱 가지 행동을 염두에 두고 실천하도록 한다.

- 사전 시간 확보 및 논의 주제 공유하기
- 편안한 분위기 만들기
- (지시나 지적이 아닌) 질문하기
- 팀원 의견을 경청하기
- 함께 해결 방안 모색하기
- 팀장으로서 도와줄 점 찾기
- 결정사항 확인하기

먼저 팀원과 만날 수 있는 시간을 사전에 확보하고 논의 주제를 공유해야 한다. 팀원과의 원온원 미팅은 팀장의 팀 경영활동 중에 가장 중요한 활동이라는 사실을 잊어서는 안 된다. 다른 활동을 다 하고 나서 남는 시간을 활용하여 원온원 미팅을 한다는 생각은 원온원 미팅의 철학에 완전히 반대되는 것이다. 그래서 팀장의 캘린더에는 팀원과의 원온원 미팅 계획이 빼곡히 채워져 있어야 한다. 먼저 시간을 확보하고 각각의 팀원과 어떤 주제를 가지고 미팅을 할 것인지를 공유해야 한다. 간혹 원온원 미팅의 취지를 잘못 이해하고 미팅의 주제를 팀원의 조직생활 고충 등에 초점을 맞추는 경우가 있다. 물론 때에 따라서는 그럴 수도 있겠지만 원칙적으로 원온원 미팅의 주제는 업무 자체여야 한다. 가급적 팀원이 일을 수행하는 과정에서 발생하는 이슈나 어려움을 주제로 잡으면 좋을 것이다. 이렇게 했을 때 팀장과 팀원이 서로 보다 충실하게 준비할 수 있을 것이다. 다시 말하지만 준비되지 않은 것을 잘 말할 수 있는 사람은 없으며 준비되지 않은 미팅은 시간 낭비일 뿐이다.

둘째, 편안하게 대화할 수 있는 분위기를 조성해야 한다. 팀원 입장에서는 팀장에게 어떤 생각이라도 말할 수 있어야 한다. 심지어 팀장이 불편해할 수 있는 말도 할 수 있어야 한다. 어떤 의견이라도 자유롭게 말할 수 있어야 한다는 것이 진정한 원온원 미팅의 철학이다. 하지만 아무래도 팀원 입장에서 팀장에 대한 심리적 거리감을 느낄 수 있고 말을 꺼내는 것을 조심스러워할 수 있다. 혹시 심리적 거리감을 심하게 느끼는 팀원이 있다면 장소를 사무실로 고집할 것이 아니라 회사 근처의 카페 등을 활용하는 것도 좋을 것이다. 팀장 입장에서는 팀원이 자기 앞에서 감당 못할 이야기를 하면 어쩌나 하는 걱정도 있을 수 있을 것이다. 하지만 팀원이 입을 꼭 다물고 침묵하는 것보다는 백배 나으니 자기 생각을 말해주는 팀원에게 그저 감사하는 마음을 가지면 된다.

셋째, 팀원의 생각을 들으려면 적절한 질문을 해야 한다. 팀원과 만나기 전에 질문 리스트를 먼저 작성하는 것도 좋을 것이다. 팀원을 만날 때 상황별로 활용할 수 있는 질문 리스트를 이 글의 마지막에 예시로 넣었으니 참고하길 바란다.

넷째, 팀원의 의견을 경청해야 한다. 팀원의 의견을 효과적으로 경청하는 방법은 다른 것이 없다. 바로 팀원으로 하여금 팀장이 자기 생각을 열심히 듣고 있다는 사실을 알려주는 것이다. 이를 위해 가장 좋은 것은 팀원이 자기 생각을 말하고 있을 때 고개를 끄덕이는 등의 리액션을 잊지 않는 것이다. 특히 팀원이 어렵고 불편한 이야기를 했을 때는 반드시 다음과 같은 감사의 표현을 잊어서는 안 된다.

"그런 이야기를 하기가 쉽지 않았을 텐데, 용기 내어 이야기해줘서 정말 고마워."

당신이 팀원이었을 때를 생각해보라. 윗사람과 대화하고 나서 괜한 이야기를 했네 하며 자책했던 경험이 있었을 것이다. 윗사람에게 어렵고 불편한 이야기를 하는 것은 보통의 정성과 용기로 하는 것이 아니다. 그러한 행동은 무조건 고마운 일이다. 그리고 고마움을 표현해야 팀원이 안심한다. 또 다음에도 계속 자신의 의견을 말할 수 있다. 가장 안 좋은 형태의 경청 자세는 다음과 같다.

- 머리 위로 팔베개를 하고 몸을 뒤로 젖힌다.
- 인상을 찌푸린다.
- 휴대폰을 보는 등의 딴짓을 한다.

- 팔짱을 낀 상태로 듣는다.
- 미심쩍은 듯 들으면서 고개를 자꾸 갸우뚱한다.

이런 자세들은 상대를 매우 위축시켜 말하는 것을 주저하게 만든다.

다섯째, 문제에 대해서는 함께 해결 방안을 모색하는 태도를 취해야 한다. 역량이 탁월한 팀원에게는 전적으로 일을 맡기면 되겠지만 자신감이 결여되어 있거나 역량이 부족한 팀원과는 머리를 맞대고 이런저런 대안을 함께 찾아보는 시간을 갖는 것이 좋다.

여섯째, 팀원 스스로 도저히 해결할 수 없는 문제가 있을 때는 팀장이 직접 나서 도와주어야 한다. 만약 팀장 스스로 그것을 모를 때는 팀원에게 다음과 같은 질문을 하고 의견을 들어보는 것이 좋다.

"혹시 내가 도와주어야 할 것은 없을까?"

이 질문에 만약 팀원이 "괜찮습니다"라고 답변한다면 이렇게 다시 말해주면 좋을 것이다.

"혹시 일을 추진하다가 어려운 점이 생기면 언제든지 찾아와 문의해줘. 내가 도와줄 방법을 찾아볼게."

마지막으로 원온원 미팅이 끝날 무렵에는 미팅을 통해 뭔가 결정되고 합의된 사항이 있어야 한다. 그것은 일의 해결 아이디어일 수도 있고 액션 아이템과 추진 일정일 수도 있다. 아무튼 미팅의 본래 목적에 맞게 팀장과 팀원이 상호 합의하는 결정사항이 있어야 한다. 그리고 그것을 서로가 동일하게 이해했는지 확인해야 한다. 더불어 다음 원온원 미팅의 일정과 논의 주제도 정하면 좋을 것이다.

원온원 미팅 시 상황별 질문 리스트

## 1. 업무 착수 시점의 질문

- 왜 이 일을 해야 합니까?

- 이 일에서 반드시 달성해야 하는 가장 중요한 목표는 무엇입니까?

- 이 일과 관련하여 우리가 가진 강점은 무엇입니까?

- 해당 강점을 보다 효과적으로 활용할 수 있는 방법은 무엇입니까?

- 이 일의 추진 과정에서 예상되는 장애 요인은 무엇입니까?

- 예상되는 장애 요인을 해소하기 위해 무엇을 해야 합니까?

- 성공을 위해 리더로서 팀장의 지원이 필요한 부분은 무엇입니까?


## 2. 업무 중간 리뷰 시점의 질문

- 처음 기대했던 결과는 무엇입니까?

- 현재 나타난 결과는 무엇입니까?

- 기대 수준과 현재 수준의 차이의 원인은 무엇입니까?

- 향후 그 원인을 해소하기 위한 아이디어는 무엇입니까?


## 3. 업무 종료(성과 평가) 시점의 질문

- 처음 기대했던 결과는 무엇입니까?

- 현재 나타난 결과는 무엇입니까?

- 이 일에서 가장 잘했던 점은 무엇입니까?

- 이 일에서 잘했지만 더 잘할 수 있었던 점은 무엇입니까?

- 이 일에서 잘하지 못했던 점은 무엇입니까?

- 처음에는 하기로 했는데 하지 않았던 점은 무엇입니까?

- 앞으로 이 일은 어떤 방향으로 추진해야 합니까?


### 4. 경력 및 역량 개발에 관한 질문

- 어떤 분야의 전문가가 되고 싶습니까?

- 해당 분야의 전문가가 되기 위해 가장 필요한 역량은 무엇입니까?

- 해당 역량 중 당신에게 가장 부족한 부분은 어떤 것입니까?

- 사내외에서 해당 분야와 관련된 롤모델은 누구입니까?

- (부족한 역량을 키우기 위해) 어떤 노력을 하고 있습니까?

- (부족한 역량을 키우기 위해) 어떤 노력을 추가로 해야 합니까?

- 팀장인 내가 어떻게 지원해주기를 원합니까?


### 5. 생각을 촉진하는 질문

- 이 일을 추진하는 목적은 무엇입니까?

- 이게 무슨 의미인지 설명해주겠습니까?

- 한마디로 정의한다면 뭐라고 정의할 수 있습니까?

- 일을 진행하면서 가장 고민되는 것이 있다면 무엇입니까?

- 여기에서 가장 중요한 것은 무엇입니까?

- 딱 한 가지만 선택한다면 무엇을 선택할 수 있습니까?

- 이 일을 안 한다면 어떤 일이 발생합니까?

# 일의 매력을 높이는 업무 지시의 기술

> 팀원에게 업무 지시를 하는 과정이 너무 힘들어요. 인상 쓰면서 거부감을 나타내는 팀원도 있고 왜 이 일을 자기가 해야 하냐고 따지는 팀원도 있습니다. 제가 팀원이었을 때는 팀장의 업무 지시는 거역할 수 없는 것이었는데 요즘 팀원들은 그냥 수용하는 법이 없습니다. 팀원이 잘 받아들일 수 있는 업무 지시를 하려면 어떻게 해야 할까요?

총무팀의 최 팀장은 최근 회사 구내식당의 식판을 바꾸기로 결심했다. 식판이 너무 무겁고 오래되었기 때문이다. 그래서 팀원 중 한 명을 불러 다음과 같은 지시를 내렸다.

"구내식당의 식판을 교체하려고 하네. 식당 쪽과 직원들 이야기 좀 들어보고 봐서 괜찮은 걸로 하나 골라줘."

외관상 아무 문제가 없는 지시로 보인다. 하지만 당신이 직접 이 지시 사항을 이행하는 사람이라면 좀 달라질 수 있다.

"바빠 죽겠는데 식판이라니, 이런 일을 잘한다고 누가 알아주는 것도 아닌데…."

다른 일로 바쁜 상황에서 귀찮은 일 하나 추가된 셈이다. 이런 일은 최대한 효율적으로 해야 한다. 가까운 식판 업체에 가서 몇 개 비교해보고 그중 가장 나은 것으로 결정할 것이다. 하지만 팀장이 다음과 같이 업무 지시를 내린다면 어떨 것 같은가?

"요즘 우리 회사 구성원들로부터 식판이 무겁고 낡았다는 피드백이 있네. 처음에는 별것 아니라고 대수롭지 않게 생각했는데 곰곰이 생각해보니 이게 대충 넘길 일이 아니더라고? 전 구성원이 매일 사용하는 물건이 아닌가? 한 번 구입하면 평균 3년을 쓰는 것이고. 작은 불편이 결코 작다고 치부되어서는 안 되는 일인 듯하네. ○○씨가 성격이 꼼꼼하고 감각이 있으니 이 일의 적임자인 것 같네."

이와 같이 업무 지시를 받으면 매우 부담스러울 것이다. 역시 바빠 죽겠는데 힘든 일 하나 추가되었다는 느낌도 받을 것이다. 하지만 이와 같이 지시를 받고 나면 일을 절대 대충 할 수 없게 된다.

팀원에서 팀장이 되고 난 뒤 가장 달라진 점이 한 가지 있다면 그것은 업무를 지시받던 입장에서 지시하는 입장으로 바뀌게 된다는 점이다. 완전히 상반되며 익숙하지 않은 역할이기에 이를 어려워하는 팀장이 많다. 나는 팀장이 된 후 무엇을 어떻게 해야 할지 모르겠다고 생각하는 사람에게 입버릇처럼 하는 조언이 하나 있다.

"팀원 입장이었을 때 당신의 팀장이 잘했던 것은 그대로 하십시오. 그리고 아쉬움이 있었던 점은 팀원 입장에서 바꿔서 하십시오."

앞에서도 언급했지만, 리더의 역할을 수행한다는 것은 연극에서 리더의 배역을 맡는 것과 같다. 자신에게 내재한 개성을 바탕으로 철저히 리더의 배역에 충실해야 훌륭한 리더가 될 수 있다.

다음은 우리나라의 일터에서 많은 리더가 범해왔던 잘못된 업무 지시의 대표적인 예다. 한마디로 '일할 맛 떨어지는 업무 지시'의 유형들이다. 혹시 당신에게 이 같은 모습은 없는지 살펴보기 바란다.

일할 맛 떨어지는 업무 지시

- 날밤 새워야 하는 일을 퇴근 무렵에 별일 아니라는 듯 시킨다.
- 내가 제일 한가해 보인다고 일을 시킨다.
- 지나가다 우연히 팀장과 눈이 마주치는 바람에 일을 맡게 된다.
- 일의 목적이나 배경에 대해 일절 설명 없이 까라면 까라고 한다.
- 일을 시켜놓고 자신도 일의 존재를 기억하지 못한다.
- 잔말 말고 시키는 대로 하라고 한다.
- 시키는 대로 해서 가져갔더니 "너는 생각이 없냐?"라고 야단을 친다.
- "어떻게 할까요?"라고 물어보면 알아서 하라고 한다.
- 알아서 일했더니 물어보지도 않고 내 마음대로 했다고 화를 낸다.
- 자신도 잘 모르는 일을 지시한다.
- 일을 지시하면서 자꾸 짜증을 낸다.

이 외에도 업무 현장에서 발생하는 업무 지시와 관련된 우스꽝스러운 해프닝이 아주 많을 것이다. 사실 조직이 존재하는 이유는 조직의 미션과 목표를 달성하기 위한 것이며 이는 수많은 일들로 구성

되어 있다. 그렇기에 이 세상에 존재하는 모든 일은 그 나름의 존재
이유가 있다.


## 의미를 알지 못하는 일은 노동에 불과하다

"모든 일은 그것이 존재하는 숭고한 이유를 지닌다. 그리고 그것
은 그 일을 수행하는 사람의 마음에 전달되어 열정을 불러일으킬 수
있어야 한다."

이것이 업무 지시의 목표다. 물건 배달하듯 단순히 그 일에 어울
리는 사람을 찾아 맡기는 방식으로는 사람의 마음을 움직일 수 없다.
왜 하는지도 모르는 채 시키는 대로 하는 일을 '노동'이라고 일컫는
다. 그것을 왜 하는지를 알면 비로소 '일'이라는 범주에 들어온다. 그
리고 그 일을 왜 내가 해야 하는지를 알게 되면 '예술'의 경지에 이
르게 된다. 반드시 필요한 일이 나의 열정을 만나게 되면 그 일은 세
상에 존재하지 않는 새로운 모습으로 탄생하는 예술이 된다. 당신은
팀원들에게 노동을 시킬 것인가? 일을 시킬 것인가? 아니면 예술을
하게 할 것인가?

과거 우리가 만났던 리더들은 모두 산업화 시대의 사람들이었다.
물론 당시에도 사람의 창의력은 매우 강조되었지만 실상 그것이 업
무 전반에 걸쳐 활용되는 일은 드물었다. 산업화 시대에서는 일의 방
향이 명확히 정해져 있고 정해진 대로 일을 수행하면 되는 구조였다.

이런 분위기에서 일의 방향을 잘 알고 있는 윗사람이 시키는 대로 일을 하는 것은 매우 중요했다. 시쳇말로 윗사람 말에 토 달지 않는 것이 직장생활을 잘하는 비결이었다. 이런 분위기에서 그 당시 리더는 구성원에게 일을 지시할 때 그리 공을 들일 필요가 없었다. 매뉴얼대로 진행하면 되고 그것이 성에 차지 않으면 그 일을 잘하는 곳을 벤치마킹하여 똑같이 수행하면 되었다. 하지만 격변하는 경영 환경 속에서 이런 1차원적인 접근은 곤란하다. 차별성이 유일한 경쟁력이 되는 경영 환경에서 과거의 성공 방식을 답습하는 접근으로는 일의 성공을 기대할 수 없다.

## | 일의 매력을 높이는 업무 지시

"일을 왜 이런 식으로 시키는지 모르겠어요. 우리 팀장은 일을 시작하기도 전부터 김새게 만듭니다. 다른 사람이 바쁘니까 좀 한가한 내가 이 일을 해야 한다는 식으로 업무 지시를 합니다. 자존심도 상하고 일할 맛도 나지 않습니다."

나쁜 시작은 나쁜 결과로 이어진다. 팀장은 팀원이 기분 좋은 시작을 할 수 있게 해주어야 한다. 내가 아는, 팀원들이 듣고 가장 기분이 좋았다는 팀장의 업무 지시는 다음과 같다.

"우리 팀에서 이 일을 맡아줄 사람은 오로지 당신밖에 없네. 필요한 것을 최대한 지원해줄 테니 이 일을 맡아주었으면 좋겠어."

아무리 준비되지 않은 리더라도 구성원에게 업무를 지시할 때 빠뜨리지 않는 두 가지 요소가 있다. 그것은 일의 목표와 마감 시한이다. 물론 이런 것도 언급하지 않는 리더도 많이 있지만 내가 만나 온 리더들은 항상 이 두 가지는 빠뜨리지 않았다.

그런데 이 두 요건은 일 자체에 한정된 내용일 뿐이며 정작 그 일을 추진하는 사람에 대한 이야기는 담겨 있지 않다. 일에 대한 이야기도 해야 하지만, 일이 성공하기 위해서는 그 일을 수행하는 사람의 마음가짐을 다잡아주어야 한다. 이를 위한 방법으로 존 켈러의 ARCS 모델을 소개한다.

ARCS 모델은 일종의 학습 동기 설계 모델로 학습자의 동기를 유발하고 지속시키기 위한 목적으로 개발된 것이다. 쉽게 말하면 학습자를 학습 상황에 빠져들 수 있게 하는 데 필요한 네 가지 요소를 담고 있다. 흥미롭게도 리더가 직원에게 업무 지시를 할 때 필요한 구성 요소와 일치한다.

정답이 없는 오늘날 비즈니스 환경에서 일과 학습의 속성이 일면 닮아 있는 것도 그 이유일 것이다. ARCS 모델은 주의 집중(Attention), 관련성(Relevance), 자신감(Confidence), 만족감(Satisfaction)이라는 네 가지 영어 단어의 첫 글자를 조합하여 만든 것이다. 업무 지시 상황에서 이 네 가지 요소가 포함되어 있으면 일의 매력도를 높여 끌림을 유발한다. 다음 '일의 매력을 높이는 네 가지 요소'를 참고하기 바란다.

## | 일의 매력을 높이는 네 가지 요소 |

| 구분 | 주요 내용 |
|---|---|
| 주의 집중<br>(Attention) | 일에 대한 호기심을 불러일으킨다.<br>• 일의 추진 목적 및 배경<br>• 일의 중요성 |
| 관련성<br>(Relevance) | 일의 적임자임을 알게 한다.<br>• 관련 보유 역량 및 과거 직무 수행 경험<br>• 향후 경력 개발 및 성장 방향 |
| 자신감<br>(Confidence) | 일을 성공적으로 추진할 수 있는 믿음을 강화한다.<br>• 일의 성공을 위해 활용할 수 있는 내부 자원<br>• 사업 성공의 기회 요인<br>• 일의 성공을 위한 팀장으로서의 지원 사항 |
| 만족감<br>(Satisfaction) | 일을 마쳤을 때 얻을 수 있는 이점을 알려준다.<br>• 일을 통해 배울 수 있는 점(역량의 성장)<br>• 성공적인 일 수행을 통해 얻을 수 있는 보상 |

팀원 누군가에게 업무를 지시할 때면 위의 네 가지 요소를 고려하여 사전 커뮤니케이션 시나리오를 작성해보길 권한다. 먼저 주의 집중은 일의 추진 목적 및 배경을 상세하게 설명해주는 것이다. 이 과정을 통해 일에 대한 호기심을 불러일으킨다. 관련성은 왜 다른 사람이 아닌 그 팀원이 그 일의 적임자인지를 알려주는 것이다. 그가 현재 보유하고 있는 역량이나 과거 직무 경험은 물론이고 그의 향후 경력 개발 및 성장 방향 등을 함께 이야기한다면 그의 마음을 사로잡을 수 있다. 자신감은 그가 스스로 일을 성공적으로 추진할 수 있다는 믿음을 갖게 하는 것이다. 일의 성공을 위해 활용할 수 있는 내부 자원과 기회 요인, 그리고 팀장으로서 어떻게 도와줄 것인지 자

세히 설명해준다면 그의 일에 대한 자신감을 끌어올릴 수 있을 것이다. 마지막으로 만족감은 일을 마쳤을 때 얻을 수 있는 성취에 대한 기대감을 갖도록 하는 것이다. 무엇보다 일을 통해 역량을 키울 수 있다는 기대감과 성공적인 일 수행을 통해 얻을 수 있는 보상에 관한 내용을 담으면 된다.

이렇게 ARCS의 각 영역에 대한 내용 정리를 사전에 해보면 우선 일에 대한 이해가 깊어진다. 주먹구구식 업무 지시가 아닌 팀원과 훨씬 더 세련되고 효과적인 업무 소통을 할 수 있다. 무엇보다 좋은 것은 일에 임하는 팀원의 자세가 달라진다는 점이다. 만일 당신이 이러한 내용을 작성하는 데 어려움을 느낀다면 스스로 이 일을 추진할 준비가 되어 있지 않은 것이라 봐도 무방하다.

현실은 전쟁터다. 그 속에서 우리는 매일 크고 작은 전투를 치른다. 전투를 치르는 군인의 마음은 어떠해야 하는가? 언제까지 어떤 고지를 점령해야 하는지를 아는 것도 중요하다. 그런데 이보다 더 중요한 것은 전투에 임하는 군인의 마음가짐이다.

# 침묵하는 팀원을 수다쟁이로 만드는 법

> 매출 압박과 성과 부진에 대한 책임이 점점 더 커져만 가고 있습니다. 위에서는 하루가 멀다 하고 저를 호출하여 다그치기만 합니다. 그런데 우리 팀원들은 이런 분위기를 아는지 모르는지. 적극적으로 나서서 뭘 하려고 하지도 않습니다. 분명 팀이 위기라는 사실을 잘 알고 있을 텐데 그저 제 입만 바라보고 있습니다. 팀원들이 함께해준다면 한번 해볼 수도 있을 것 같은데 현재로서는 답답해서 미칠 지경입니다. 저는 어쩌면 좋을까요?

팀장이 윗사람과 팀원의 중간에 끼여 이러지도 저러지도 못할 때가 많다. 이때 팀장이 선택하는 최악의 경우는 윗사람과 한통속이 되어 팀원들을 압박하고 갈구는 경우다. 위에서 내려오는 또는 아래서 올라오는 충격을 완화해주는 범퍼로서의 모습이 아니라 오히려 충격을 배가시킨다. "당신들이 잘했으면 내가 위에서 이런 소리를 안 들을 거 아니야?"라며 팀원에게 화풀이하는 경우도 있다. 과거에는 이런 유형의 리더가 조직 사회에서 매우 흔했다. 하지만 오늘날 이같이 행동한다면 남아 있을 팀원이 거의 없을 것이다. 이런 식으로 단순하게 갈구고 압박하는 일이야 누군들 못하겠는가? 위로부터 받는 압박과 스트레스는 어쩔 수 없다. 그것은 팀장이 겪는 숙명이다.

리더는 왕관의 무게를 견딜 수 있어야 한다. 사방팔방에서 시시각각 다가오는 각종 압박과 스트레스를 스스로 견딜 힘을 가지고 있어야 한다. 이것이 뒷받침되지 못한다면 팀장의 역할을 제대로 수행하기 어려울 것이다. 어렵다면 1장에서 '리더의 자기관리는 이렇게 하라' 편을 다시 한번 참고하기 바란다.

당신이 잊지 말아야 할 사실은 당신과 당신의 팀원은 한 배를 탄 하나의 팀이라는 점이다. 당신은 어떤 경우에도 팀원들 편에 서야 하고 팀원들이 끝까지 믿고 의지할 수 있는 사람이어야 한다. 그래야만 당신이 앞으로 뛰어나갈 때 팀원들이 당신의 뒤를 기꺼이 따를 것이다. 한 가지 다행스러운 사실은 조직은 외부로부터 압박을 받으면 반작용으로 내부 결속력이 강화되는 경향이 있다는 점이다. 만약 상사가 당신이나 당신의 팀을 몹시 괴롭힌다면 그것을 계기로 당신은 팀 의식을 강화하는 접근 방식을 취하는 것이 좋다. 내부 팀 의식을 강화하는 방법은 다음과 같다.

먼저 곤경에 처한 팀원을 챙겨야 한다. 팀의 성과가 부진하고 외부 압박이 심해질수록 팀원들이 예민해지고 팀 분위기는 삭막해질 가능성이 높다. 이러한 상황에선 직접적인 타격을 입은 일부 팀원이

번아웃 상태에 빠져버릴 위험성이 있다. 팀장은 특히 힘들어하는 팀원을 찾아 우선적으로 챙겨야 한다. 개별적으로 만나서 다독여주고 스트레스를 극복할 수 있도록 도와주어야 한다. 나자빠지는 팀원이 없게 해서 팀 전체의 사기가 떨어지지 않도록 해야 한다.

다음으로는 긍정적인 대화 분위기를 만들고자 노력해야 한다. 항상 나쁜 뉴스가 속도도 빠르고 악성 루머로 이어지는 경우가 많다. 팀장은 현재의 어려운 상황을 솔직하고 숨김없이 이야기하여 부정적이거나 잘못된 이야기가 확산되는 상황을 차단해야 한다. 그리고 어려운 상황에서도 잘 해낸 일을 찾아 칭찬하고 팀원 개개인의 노력을 격려하는 일을 해야 한다. 그래서 위기 상황에서도 팀 내 분위기가 가라앉지 않도록 해야 한다. 팀의 사기가 떨어지거나 팀 분위기가 가라앉는다는 것은 위기를 극복할 수 있는 팀 에너지가 소진되었다는 것과 같은 말이다.

마지막으로 팀원들과 함께 현재 팀의 어려운 상황을 해결할 수 있는 퀵윈 과제를 선정하여 시행해나가는 것이 좋다. 퀵윈 과제는 단기간 내에 가시적인 성과를 낼 수 있는 과제를 뜻한다. 퀵윈 과제를 선정해야 하는 이유는 팀원들의 자신감을 끌어올리는 것이 급선무이기 때문이다. 퀵윈 과제를 도출하는 과정에서 팀원들이 내는 의견 하나하나는 정말 소중한 것이다. 어떤 의견이라도 의견을 말해준 팀원들에게 마음이 담긴 고마움을 표현하는 것을 잊어서는 안 될 것이다.

나는 20년가량의 회사생활에서 수많은 비즈니스 성공 사례와 실패 사례를 직접 목격해왔다. 이러한 성공과 실패를 경험하면서 근래 들어 내가 깨달은 아주 소중한 원리가 있다. 그것은 윗사람이 시켜서 하는 비즈니스치고 성공한 비즈니스가 별로 없다는 점이다. 대표적인 이유는 직원들로 하여금 다른 생각을 갖게 하지 못하기 때문이다. 반론이 있거나 뭔가 잘못되어 가고 있어도 윗사람에게 사실을 있는 그대로 알리지를 못한다.

나심 니콜라스 탈레브가 저서 《블랙 스완》에서 제시한 '블랙 스완'이라는 매우 흥미로운 개념이 있다. 블랙 스완은, 이 세상은 우리가 알고 있던 경험이 전부가 아니며 기존에 알고 있던 경험으로 인해 새로운 사고나 행동 등을 받아들이지 못하거나 간과하는 현상을 뜻한다. 사람들에겐 백조의 색깔은 무조건 흰색이라는 강한 믿음이 있었다. 그것은 늘 흰색 백조만 봐왔기 때문이다. 하지만 18세기에 오스트레일리아 대륙에서 검은색 백조가 발견되었다.

블랙 스완은 과거의 경험으로 현재와 미래를 규정하고 대응하는 것이 매우 위험할 수 있다는 은유다. 최근 공룡과 관련된 연구에서 공룡이 파충류보다는 조류에 가깝다는 연구 결과가 속속 발표되고 있다. 10여 년 전부터 깃털이 달린 공룡 화석이 일관되게 발견되고 있고 화석으로부터 깃털의 색소를 찾아내는 기술이 발달함에 따라 유력한 학설로 대두되고 있다. 이 연구 결과에 따르면 티라노사우루

스도 우리가 이미 알고 있는 포식자로서의 흉포한 이미지가 아니라 온몸이 알록달록한 깃털로 뒤덮인 닭과 비슷한 모습이라고 한다. 이러한 새로운 발견을 접하고 나면 헛웃음이 먼저 나온다. 무엇을 믿어야 할지 혼란스럽기만 하다. 이미 알고 있는 것이 알고 있는 것이 아닌 게 된다.

요즘 세상을 보면 블랙 스완이 어쩌다 한 번이 아니라 시도 때도 없이 나타난다. 어느 날 갑자기 듣도 보도 못한 일이 발생한다. 한 치 앞을 예상할 수 없으며 갑자기 허를 찔리는 느낌이다. 왜 이런 일들이 일어나는지도 모른다. 지구상 어디에 붙어 있는지도 모르는 나라의 금융위기 때문에 내가 가진 멀쩡한 주식이 폭락하는 일도 있다.

아무도 자신 있게 미래를 말할 수 없다. 이런 상황에서 자신이 가진 과거의 경험과 지식의 덫에서 벗어날 수 있는 유일한 길은 타인의 경험과 생각에 귀를 기울이는 것이다. 내 생각과 다르다고 반대만 할 것이 아니다. 내가 보지 못한 블랙 스완에 대한 이야기를 하고 있을지 모른다. 이제 리더에게 '콩 내놔라 팥 내놔라' 식의 시어머니 역할은 더 이상 어울리지 않는다.


## 제초 작업을 하라고 했더니 산이 없어졌다

"팀원들 앞에서 무슨 말 한마디 하기가 어렵습니다. 제가 말을 하면 팀원들이 다른 생각을 하지 못합니다. 그저 한마디 제안했을 뿐인데 그냥 그대로 처리한다니까요."

리더들로부터 자주 듣는 말이다. 답답해하며 가슴을 치며 말한다. 별생각 없이 한마디 툭 던진 것을 설마 그대로 따라서 할 거라고는 생각도 못했을 것이다. 그러나 이것이 현실이다. 리더로서 당신의 말들은 당신이 생각하는 것보다 훨씬 더 강력하다. 설사 아무 생각 없이 대충 던진 말일지라도 팀원에게는 똑같이 세게 들린다.

'권력거리지수'라는 개념이 있다. 네덜란드의 인류학자인 그리트 홉스테드가 제시한 개념으로 쉽게 말해 조직에서 직원들이 느끼는 권력의 불평등 정도를 말한다. 말콤 글래드웰의 《아웃라이어》에서는 우리나라의 권력거리지수가 세계 1위인 브라질에 이어 2위로 소개되어 있다.

이와 비슷한 것으로 '켈의 법칙'이라는 개념도 있다. 이는 조직에서 직급이 한 단계 차이가 날 때마다 직원들이 상사에게 느끼는 심리적인 거리감은 제곱에 비례한다는 의미다. 사원과 팀장 간의 단계가 만약 4단계라면 심리적인 거리감은 단순한 4단계가 아니라 4의 제곱인 16단계가 된다는 말이다.

군대에는 사단장이 제초 작업을 지시하면 연대에서는 나무를 베고 대대에서는 산을 민다는 우스갯소리가 있다. 사단장에서 연대장으로, 연대장에서 대대장으로, 대대장에서 중대장으로, 중대장에서 소대장으로 지시가 전달되는 과정에서 본래의 내용이 부풀려지는 것이다. 이러한 현상은 일반 회사에서도 크게 다르지 않다. 처음 리더인 팀장은 자신의 말 한마디가 팀원들에게는 자신이 생각하는 것보다 훨씬 더 크고 세게 전달될 수 있음을 알아야 한다.

따라서 오히려 말을 좀 더 가려서 주의 깊게 해야 함에도 불구하고 이상하게도 떠버리가 되는 팀장을 많이 보게 된다. 사사건건 자기 생각을 얹어야 한다는 강박 같은 것이 있어 보일 정도다. 심지어는 모르는 일에도 자신 있게 자기 생각을 말하기도 한다. 왜 이러나 싶을 정도로 이런저런 온갖 시답지 않은 이야기까지 꺼내 든다. 그 이유는 딱 한 가지다. 팀원들이 잘 들어주기 때문이다. 가정에서는 사춘기 자녀나 배우자에게 말 한마디 건네는 것도 어려워하는 사람을 알고 있다. 그런데 이런 그의 모습이 회사에 오면 180도 달라지며 폭풍 수다를 늘어놓는다. 노트를 가지고 받아 적을 준비를 하는 팀원들을 보면 입에 모터를 단 듯 통제 불능 상태에 이르게 된다.

## | 팀원의 의견을 경청하는 팀장의 네 가지 행동

팀원은 자신의 의견을 말하기보다는 당신의 의견을 듣는 것이 훨씬 더 익숙하고 편하다. 오랜 직장생활을 통해 터득한 생존 비결이기도 하다. 어지간하면 당신의 의견을 듣기만 할 것이다. 그렇기에 당신이 진정 팀원의 의견을 듣고자 한다면 좀 더 의도적이고 세심한 행동의 변화가 필요하다. 팀원에게 확실히 그의 의견을 들을 준비가 되어 있고 듣고 있다는 신호를 보여주어야 한다. 팀원의 이야기를 듣는 팀장에게는 다음 네 가지 행동이 필요하다.

첫째, 당신의 생각을 먼저 말하지 말라. 앞에서 언급한 것처럼 리더가 하는 말의 힘은 당신의 생각보다 훨씬 세다. 다른 곳에서 참았던 말하고자 하는 욕구를 행여 팀원들 앞에서 분출시키지 말라. 당신이 말을 많이 하면 할수록 그들은 입을 다물 것이다. 사람은 함께 있는 사람과 시공간을 공유한다. 누군가가 많이 차지하면 누군가는 적게 차지할 수밖에 없다. 당신이 덜 차지하면 팀원들이 더 차지할 것이다.

둘째, 팀원이 말을 할 때면 하던 일을 멈추고 그를 바라봐줘야 한다. 말하는 사람을 보지 않은 채 그 사람의 생각을 듣고 온전히 이해한다는 것은 불가능한 일이다. 리더들에게 공통적으로 발견되는 그릇된 행동 가운데 하나는 구성원이 말을 할 때 잘 쳐다보지 않는다는 것이다. 자신은 듣고 있다고 생각할지 몰라도 상대는 그렇게 생각하지 않는다. 아마도 자신이 무시당하고 있다고 생각할 것이다. 더 이상 말을 해야 할 가치를 느끼지 못할 것이다.

셋째, 팀원의 말에 리액션을 해줘야 한다. 팀장인 내가 당신의 생각을 잘 듣고 있다는 신호를 계속 보내주어야 한다. 예를 들면 고개를 끄덕이거나, 미소를 지어주거나, 팀원의 생각을 수첩에 기록하거나, 듣다가 궁금한 점에 대해 질문하거나 등이 구체적인 반응 활동이다. 팔짱 딱 끼고 인상 쓰면서 팀원의 생각을 듣는다고 착각하는 일은 없어야 한다. 리액션은 판소리에서 소리꾼에 대한 고수의 추임새와 같다. 고수의 추임새에 소리꾼이 자신감을 가지고 소리를 뽑아내듯이 팀장이 적절한 리액션을 해주면 팀원은 자기 생각을 소신 있게 말할 수 있게 된다. 팀원이 의견을 말할 때 당신은 어떤 표정과 자세를 취하고 있는지 객관적인 눈으로 살펴보기 바란다. 만약 스스로 판단하기 어렵다면 팀원 누군가에게 당신이 어떤 표정과 자세를 취하는지 관찰한 후에 피드백해주기를 요청해보라.

마지막으로 팀원의 말을 듣고 나서는 그가 했던 말을 당신의 입으로 정리해보는 것이다. 팀원의 말이 끝났을 때 그것의 중심 내용을 요약하여 말해주면 팀원은 팀장이 자기 생각을 명확히 들었다는 확신을 하게 된다.

경청하는 팀장의 네 가지 행동

- 자신의 생각을 먼저 말하지 않는다.
- 팀원이 말을 할 때면 하던 일을 멈추고 그를 바라본다.
- 팀원의 말에 리액션을 한다.
- 팀원의 말을 요점 중심으로 정리해준다.

# 쓴소리를 달콤하게 하는 법

" 리더는 칭찬을 많이 해야 한다고 합니다. 그런데 칭찬할 거리가 없는 경우에는 어떻게 해야 하나요? 없는 칭찬거리라도 만들어서 해야 하나요? 반면에 질책은요? 절대 그냥 넘어가서는 안 되는 경우가 있어요. 한마디 따끔하게 지적을 해야 하는데 어떤 식으로 지적하는 것이 좋은 방법일까요? "

당신이 스포츠팀 감독이라면 실수를 연발하는 선수를 어떻게 대할 것 같은가? 그 선수는 잔뜩 주눅 들어 있고 자신감도 잃은 표정이다. 만약 당신이라면 어떤 반응을 보이겠는가?

1. 소리를 지르며 야단을 친다.
2. 문제 사항을 일러주며 해야 할 일을 자세히 설명해준다.

실제 경기에서는 이보다 훨씬 더 많은 케이스가 있지만 단순하게 분류하면 이 두 가지다. 당신의 스타일은 어디에 가까운가? 사람은 긴장하고 심리적으로 불편할 때 평소보다 위축된 모습을 보이기 마련이다. 현명한 감독이라면 이것을 잘 알고 있을 것이다. 그런 상황에서는 소리를 질러대거나 야단을 치는 무식한 행동을 하지 않는다. 다시 한번 팀이 원하는 것을 알아듣게 일러주고 선수가 많이 힘들어하는 상황이라면 격려해주거나 선수 교체를 통해 잠깐 기분을 전환할 수 있는 시간을 마련해줄 것이다. 팀장은 팀원의 행동 하나하나를 아주 가까운 거리에서 관찰할 수 있는 위치의 사람이다. 팀원의 행동에는 바람직한 것도 있지만 그렇지 않은 것도 있다. 이러한 팀원들의 모든 행동에는 팀장의 피드백이 함께 해야 한다. 피드백의 목적은 사람을 바람직한 방향으로 움직이게 하기 위함이다. 다시 말하면 잘한 행동은 더 많아지게 하고 못한 행동은 교정하여 줄어들게 하는 것이다. 잘못된 피드백은 이러한 목적을 달성하지 못한 채 상대의 감정만 상하게 하고 관계를 해친다.

리처드 윌리엄스의《피드백 이야기》라는 책에는 우리가 일상적으로 사용하는 피드백의 네 가지 종류가 다음과 같이 소개되어 있다.

- 지지적 피드백
- 교정적 피드백
- 학대적 피드백
- 무의미한 피드백

'지지적 피드백'은 반복되기를 원하는 행동에 대한 칭찬과 독려의 피드백을 말한다. '교정적 피드백'은 말 그대로 교정되기를 바라는 행동을 지적하는 피드백이다. '학대적 피드백'은 상대의 행동 변화를 강제하는 피드백으로 주로 명령, 설득, 협박 등과 같은 피드백이다. '무의미한 피드백'은 내용이 구체적이지 못하거나 일반적이어서 듣는 사람이 무슨 소리인지 정확히 알아듣지 못하는 피드백이다. 이 책에서는 사람의 성장에 도움이 되는 피드백은 두 가지로, '지지적 피드백'과 '교정적 피드백'을 제시하고자 한다.

사실 지지적 피드백은 상대적으로 어렵지 않다. 잘하는 행동에 대해 구체적으로 이야기해주면 되는 것으로, 말하는 사람도 크게 부담이 없으며 듣는 사람도 기분이 좋기 때문이다. 그러나 교정적 피드백은 자칫 사람의 마음을 상하게 하는 학대적 피드백이 되기 쉽거나 본질을 피하는 무의미한 피드백으로 변질하기 쉽다. 교정적 피드백은 그만큼 어렵고 불편한 이야기다. 따라서 팀장은 교정적 피드백을 할 때는 좀 더 세심한 주의를 기울여야 한다.

## | 꿀을 얻기 위해 벌통을 걷어차지 말라 |

이 세상에 싫은 소리를 듣고 싶어 하는 사람은 없다. 이런 이유 때문에 교정적 피드백을 어려워하고 가슴만 치고 그냥 넘어가는 경우도 있는데 절대 그래서는 안 된다. 같은 문제가 계속 반복해서 일어나길 원하지 않는다면 말이다.

교정적 피드백을 할 때는 무엇보다 화가 난 감정을 배제해야 한다. 교정이 필요한 팀원의 행동은 대체로 못마땅하며 부아가 치미는 행동이다. 그러다 보니 감정이 개입되어 화를 내거나 화가 나는데 억지로 참는 모습으로 상대에게 비칠 가능성이 있다. 자연스레 상대는 공격받는 느낌을 갖게 된다.

"내가 이런 사달이 날 줄 진작에 알아봤어. 그렇게 알아듣게 말했는데… 아무 생각이 없구먼. 도대체 머리는 뒀다 뭐에 쓰는 거야?"

이처럼 화가 더해진 공격적인 표현은 상대의 기분을 상하게 하고 나아가 관계를 해친다. 이와 같은 피드백을 '학대적 피드백'이라고 한다. 결과적으로 반감을 일으켜 행동의 교정도 기대하기 어렵다.

나는 조직에서 구성원에게 잔뜩 화를 퍼부어 놓고 뒷수습에 쩔쩔매는 리더들을 허다하게 보아왔다. 구성원과의 관계도 나빠지고 사내 평판에 문제가 발생하니 좋을 것이 하나도 없다. 잘못된 일을 교정하는 데 힘을 쏟아도 시원찮은 판인데 돌아선 마음을 복원시키는 데 시간과 노력을 소모한다. 엎질러진 물을 깨진 그릇에 주워 담는 형국이다. 화가 난 상태에서의 소통은 항상 그 결과가 좋지 않다.

만일 스스로 화가 났다는 생각이 들면 화를 잠재울 수 있는 시간적 여유를 갖는 것이 현명하다. 꿀을 얻기 원한다면 벌통을 걷어차지 말라는 말이 있다. 홧김에 산통을 깨는 일은 없어야 한다.

다음으로, 화가 난 마음을 진정시켰다면 전달하고자 하는 교정 행동의 메시지를 분명하게 정리해야 한다. 메시지를 생각하지도 않고 말하는 사람이 있을까 싶겠지만 실제로 현실 속에서는 아주 빈번하게 일어나는 현상 중 하나다. 무슨 말을 할지도 모르는 상황에서 일단 부르고 본다. 회사에서 일이 잘못돼 윗사람에게 불려가는 일이 종종 있다. 한 시간이고 두 시간이고 잔소리가 이어진다. 처음에는 '다 내 잘못'이라는 생각이 들었다가 나중에는 '해도 너무 한다'는 생각으로 바뀐다. 피드백할 때 말이 많다는 것은 메시지가 명확지 않다는 의미다. 설사 메시지가 명확하더라도 말이 많으면 듣는 사람이 뭐가 중요하고 중요하지 않은지 헷갈릴 가능성만 높인다.

목표는 잘못된 행동을 교정하는 것이다. 잘못된 행동이 무엇이고 앞으로는 어떻게 하는 것이 좋은지에 대한 명확한 메시지가 필요하다. 딱 행동 교정에 필요한 사실에 기반한 간결하고 핵심적인 메시지를 준비해야 한다. 만약 정리가 잘 안 된다면 만나기 전에 노트에 적어볼 것을 권한다.


## | 쓴소리를 달게 받아들이게 하는 법 |

지지적 피드백과 교정적 피드백은 서로 다른 피드백 같지만 '행동에 대한 구체적인 이야기'라는 측면에서 공통점이 있다. 바람직한 행동이든 교정적인 행동이든 그것이 무의미한 피드백이 되지 않도록 전달 내용만큼은 구체적이어야 한다는 점이다.

마지막으로 팀원이 온전히 일에 집중할 수 있도록 도와주어야 한다. 켄 블랜차드의 《칭찬은 고래도 춤추게 한다》는 책이 있다. 참고로 이 책에 대한 오해 한 가지가 있다. 이 책이 오로지 칭찬만을 강조하고 있을 것이라는 오해다. 이 책은 정확히 절반은 칭찬에 대해서, 그리고 나머지 절반은 질책에 대한 이야기를 담고 있다. 이 책에서 소개한 쓴소리의 방법은 다음과 같다.

- 잘못된 문제점을 가능한 한 빨리, 정확히 책망하지 않고 설명한다.
- 잘못된 일의 좋지 않은 영향을 알려준다.
- 일을 명확하게 알려주지 못한 것에 대한 책임을 진다.
- 다시 한번 설명하여 이해했는지 확인한다.
- 마지막으로 지속적인 신뢰와 확신을 표현한다.

여기서 나에게 매우 인상적인 대목은 '지속적인 신뢰와 확신의 표현'이다. 윗사람으로부터 한 소리를 듣게 되는 상황에서 우리를 힘들게 하는 것은 '잘못된 일' 자체가 아니다. 그보다는 잘못된 일로 인해 우리 스스로가 윗사람의 눈 밖에 나거나 버림받는 것이 아닌가 하는 '걱정과 두려움'이다. 이런 걱정과 두려움은 오히려 일에 집중하지 못하게 한다. 진정 팀원이 일을 제대로 교정하기를 원한다면 팀원의 이런 불편한 마음을 해소해줄 수 있어야 한다. 그래서 일에 집중할 수 있도록 해주어야 한다.

How to Become the Leader
You Want to Be

 How to Operate
Team Routine

 Performance
Management

 Strategies to
Empower the Team

 How to Carry out Performance
and Development Coaching

 **How to Manage
Talented People**

 Keeping Valued People
in Your Orbit

6장

인재 활용

# 팀원을 알아야 용병술이 가능하다

" 우리 팀원들이 자신의 기량을 십분 발휘하게 하려면 어떻게 해야 할
까요? 새로운 종류의 일을 맡게 할까요? 아니면 기존에 하던 일을 좀
더 잘할 수 있도록 해야 할까요? 어떻게 해야 팀원을 적재적소에 배
치할 수 있을지 고민입니다. "

2013년 11월, 우리나라의 한 동물원에서 어처구니없는 사고
가 발생했다. 우리에서 빠져나온 호랑이가 사육사를 공격하여 결국
사망에 이르렀다. 이와 관련된 한 가지 황당한 이야기를 신문 기사
를 통해 알게 되었다. 호랑이에게 공격받은 사육사가 곤충 박사학위
까지 받고 26년간 곤충관에서 일해온 곤충 전문가였다는 것이다. 그
는 본인이 희망하지 않았음에도 순환 근무 차원에서 같은 해 1월 맹
수사로 발령을 받았다. 동물원 측에서는 그가 동물원에서 20년 이상
일해왔고 곤충을 세심하게 잘 관리했기 때문에 다른 동물도 잘 관리
할 수 있을 것이라고 판단했다.

이것이 직접적인 사고 원인이라고 말할 수는 없을 것이다. 하지만 누가 봐도 큰 문제가 되는 상황임은 분명하다. 안타깝고 화가 나지 않을 수 없다. 당신은 이와 유사한 일을 경험한 적은 없는가?

## | 혹시 팀원의 전문성을 훼손하고 있지 않은가 |

내가 지금까지 만나온 리더들은 전반적으로 한 가지 미스터리한 믿음을 가지고 있었다. 그것은 어떤 일을 잘하는 사람은 다른 일도 자연스레 잘할 것이라는 믿음이다. 그리고 이 같은 믿음 속에 직원들에게 입버릇처럼 멀티태스킹을 강조한다.

하긴 한 직원에게 멀티플레이어를 빌미로 이 일 저 일을 시킬 수 있으니 얼마나 좋겠는가? 회사의 차세대 리더를 키운답시고 멀쩡히 현장에서 일을 잘하는 직원을 불러다가 여기저기 관련도 없는 조직에 몇 년씩 순환 근무를 시키는 일도 과거에 여러 기업에서 비일비재하게 벌어졌다. 위의 동물원처럼 말이다. 하지만 그 결과는 어떨 것 같은가?

과거 조직에서는 제너럴리스트(Generalist)라는 용어를 자주 사용하곤 한다. 요즘은 좀 덜해지긴 했지만 여전히 이 용어를 전가의 보도처럼 사용하는 조직 또한 존재한다. 제너럴리스트라는 용어에 대한 나의 정의는 다음과 같다.

'모르는 것도 없지만 그렇다고 똑 부러지게 아는 것도 없는 어정

쩡한 상태의 사람'.

선무당이 사람 잡는다고 하지 않는가? 어설프게 알고 있는 지식은 일 처리에 전혀 도움이 되지 않으며 차라리 아무것도 모르는 상황보다 못한 때가 많다. 학창 시절 시험을 볼 때 완벽히 모르는 문제는 정답을 맞힐 확률이 25퍼센트이지만 어설프게 알면 100퍼센트 틀리는 것과 같은 이치다.

'10년의 법칙'이라는 말이 있다. 한 분야에 10년 정도는 '올인'해야 전문가가 될 수 있다는 말이다. 10년의 법칙은 이런저런 책에 수없이 소개되어 이제는 모르는 사람이 거의 없는 유명한 이론이다. 하지만 아직도 직장에서 사람을 활용하는 방식은 앞의 동물원과 별다를 게 없다. 전문가를 키우는 접근이 아니라 그나마 보유하고 있던 전문성도 내놓게 만든다. 장기적으로는 똑똑했던 사람들을 혼자 힘으로는 아무것도 할 수 없는 상태로 만들어 버린다. 이런 상황에서 직원들은 지식창조 사회에서 전문성 부재라는 황당하고 심각한 위기 상황에 놓이고 만다. 그들은 결국 뜻하지 않은 분야를 만나 무능력해지거나 회사를 떠나게 된다.

뭐든지 오래 하면 잘하게 마련이다. 그런데 수십 년 동안 일해 왔는데 무엇 하나 특별히 잘하는 게 없는 상황을 어떻게 받아들여야 하는가? 잘못된 인력 활용으로 인한 가장 큰 피해자는 누구도 아닌 당사자다. 그리고 조직은 구성원의 전문성을 기대할 수 없어 갈수록 경쟁력을 잃어갈 수밖에 없다.

## | 팀원의 역량을 알 때 비로소 용병술이 가능하다 |

　팀장은 전쟁터에서 직접 부하들과 함께 전쟁을 치르는 소대장과
같다. 전쟁의 승패는 철저히 부하들을 어떤 식으로 활용하느냐에 따
라서 결정될 것이다. 제아무리 탁월한 전략과 전술을 활용한다 해도
그것의 실행 주체가 제대로 움직이지 않는다면 결과는 불 보듯 빤하
다. 팀장의 승부수는 팀원 개개인이 보유한 역량을 십분 활용하는 것
이다. 앞의 곤충 전문가 사례처럼 개인이 가진 전문성과는 상관없는
엉뚱한 곳에 배치하여 한 사람을 바보로 만드는 일은 없어야 한다.

　나는 종종 팀 스포츠를 보며 감독의 용병술에 놀란다. 답답한 경
기도 선수 교체를 통해 흐름을 일순간에 바꿔버린다. 우연의 일치라
고 보기에는 너무나도 자주 발생한다. 마치 마법과도 같다. 용병술에
능하지 않은 명감독은 없다. 용병술은 어떤 상황에서 어떤 선수를 기
용해야 하는지를 아는 것이다. 이것이 되려면 팀장은 팀원 개개인이
보유한 역량과 수준을 손금 보듯 훤히 알고 있어야 한다.

　내가 과거에 같은 부서에서 함께 일했던 동료 한 명을 소개한다.
그는 처음 왔을 때 HRD 직무와는 전혀 맞지 않는 사람이었다. 대학
에서 전자공학을 전공했고 부서 배치 직전까지도 엔지니어로 약 10
년 동안 일해온 사람이었기 때문이다. 나는 그가 우리 팀에 와서 어
떤 일을 하게 될지 참으로 궁금했다. 그런데 마침 이러닝(e-Learning)
열풍이 불어 닥쳤다. 기존 팀원들도 관심은 있었지만 엄두를 못 내
던 상황에서 IT와 네트워크에 일가견을 가지고 있었던 그는 그 일을

단번에 꿰찼다. 물론 인력 개발에 대한 이해가 부족했지만 그것은 묻고 배워가면서 하면 그만이었다. 그리고 그는 자신의 이러닝 분야에서의 축적된 경험과 지식을 바탕으로 엠러닝(m-Learning, Mobile Learning)으로 계속 경력을 발전시켜 이제는 알러닝(r-Learning, Robot Learning)으로 회사의 미래 비즈니스를 이끌어가고 있다. 만일 당시 팀에서 그를 기존의 전통 HRD 분야로만 한정 지어 활용하고자 했다면 본인은 물론 팀과 회사 모두에 비극이었을 것이다.

나 역시도 내가 신입사원 시절 만났던 선배를 통해 오늘날의 나로 성장할 수 있었다. 그는 어느 날 나에게 강의를 해볼 것을 권했다. 남들 앞에 서는 것을 가장 힘들어했던 나로서는 사실 뜻밖의 제안이었다. 그는 평소 나를 관찰한 결과 내가 말할 때 상당히 설득력 있게 말하는 역량을 가지고 있다면서 강의를 적극적으로 해볼 것을 권했고 여러 차례 기회도 마련해주었다. 그의 그러한 제안이 없었다면 강연자나 작가로서 나의 경력은 아마도 존재하지 않았을 것이다.

어떤 측면에서는 아무짝에도 쓸모가 없어 보이는 개인의 경험과 지식이 종종 혁신의 실마리가 된다. 팀장은 평상시 팀원 개개인을 면밀히 관찰하거나 면담을 통해 그가 어떤 일에 재능과 관심이 있는지를 파악하고 있어야 한다. 시간적 여유가 있을 때 수첩을 꺼내 팀원 개개인이 어떤 일을 잘하고, 어떤 일에 관심이 있는지 적어보라.

# 일 잘하는 팀원의 비밀

> " 제가 팀장이 되어 보니, 확실히 일 잘하는 팀원이 있습니다. 그가 보유한 역량을 다른 팀원이 가질 수 있다면 얼마나 좋을까요? 어떻게 하면 유능한 팀원을 육성할 수 있을지 궁금합니다. "

어느 팀이나 팀장으로부터 총애를 받는 팀원이 있다. 아마 당신도 팀에서 누군가를 총애하고 있을 것이다. 그는 어떤 사람인가? 당신은 그의 어떤 점을 선호하는가? 시간을 내어 그의 특성을 한번 정리해보라. 리더의 자질은 그가 가까이에 두고 활용하는 사람을 보면 쉽게 알 수 있다. 가장 바람직하지 않은 경우를 소개하면 다음과 같다.

'내 말을 잘 듣는 충성스러운 팀원'.

이런 팀원과 함께 있으면 몹시도 편할 것이다. 말 한마디면 모든 것이 해결된다. 몸종과 같은 팀원은 오로지 팀장의 입에서 떨어질 지시와 명령을 기다리고 있다. 그리고 언제든지 이를 이행할 준비가 되어 있다. 이런 팀원을 곁에 둔다는 것은 팀장 자신의 생각에 반하는 의견을 가진 팀원은 멀리하겠다는 의미다. 결과적으로 매우 편향적인 의사결정을 하게 될 가능성이 높다. 우리가 팀을 꾸려 일하는 목적이 무엇인가? 집단 지성을 활용하여 더 나은 의사결정을 하기 위함이다. 말 잘 듣는 사람을 멀리하는 것만으로도 이러한 목적을 달성할 수 있다.

조직생활을 하면서 가장 안타깝게 느끼는 것 가운데 하나는 조직에 대한 애정이 넘치고 역량 있는 사람들이 조직을 자꾸 떠난다는 점이다. 아니, 그들이 떠나고 싶어서 떠나지는 않았을 것이다. 자신의 가치를 좀 더 인정해줄 수 있는 곳을 찾아간다는 표현이 더 맞을 것이다. 반대로 누가 보기에도 꼭 떠나야 할 사람은 조직에서 승승장구하며 위로 계속 올라가는 웃지 못할 일이 발생하기도 한다.

우리나라에 '지식경영'이라는 트렌드가 한바탕 휩쓸고 간 적이 있었다. IMF 직후인 1990년대 후반부터 2000년대 초반이었다. 우리나라와 선진국의 차이는 지식의 차이이며, 소수 전문가들이 가진 지식이 전문가의 머릿속에서 조직 전체로 확산, 적용되는 모습을 그린 이상적인 접근이었다. 하지만 이후 우리나라에서 지식경영이 성공했다는 말을 들어본 적이 없다. 지식경영의 핵심을 지식을 가진 사람이 아니라 지식 자체에 초점을 맞췄기 때문이다.

당시 지식경영은 개인이 보유한 경험과 지식을 문서로 정리해서 사내 전산 시스템에 차곡차곡 쌓아놓는 일과 동일한 개념으로 받아들여졌다. 사람의 지식을 한 곳에 옮겨 놓으면 그것을 조직이 필요로 할 때 언제든 꺼내 쓸 수 있도록 말이다. 그 결과는 참담했다. 기업마다 엄청난 예산을 투입해 만들어놓은 시스템은 쌓아놓기만 하고 아무도 가져다 쓰지 않는 무용지물이 되어버렸다. 비유하자면 거대한 쓰레기 더미와도 같았다.

지식경영은 개념은 매우 훌륭하였으나 핵심을 잘못 짚은 것이다. 지식은 사람으로부터 분리될 수 없음을 간과했던 것이다. 이 논리는 다빈치가 가진 지식을 정리해 시스템에 올려놓으면 누구나 다빈치처럼 예술 작품을 만들 수 있으리라 생각하는 것과 다름이 없다. 지식경영은 본의 아니게 지식을 사람과 분리하는 접근 방법을 선택함으로써 상대적으로 사람의 중요성을 놓치는 실수를 저질러버렸다.

스포츠에서는 어느 팀이나 트레이드를 금지하는 선수 명단이 있다(기업에서는 이를 핵심 인재라고 부른다). 이 명단에 포함된 선수들은 어떤 일이 있어도 팀 밖으로 내보내지 않는다. 설사 해당 선수가 팀을 떠나겠다고 선언해도 허용하지 않으며 어떤 형식으로든 붙잡는다. 이것이 가능한 이유는 선수 개개인의 기량에 대한 정확한 정보를 가지고 있기 때문이다.

나는 스포츠뿐만 아니라 이 세상의 모든 조직에서는 이러한 접근이 필요하다고 믿는다. 하늘이 두 쪽 나도 반드시 지켜야 할 구성원의 명단을 가지고 있어야 한다. 그리고 이들이 조직에서 자신의 기량을 십분 발휘하며 승승장구할 수 있는 환경을 조성해주어야 한다. 그렇지 않으면 이런 구성원은 떠나고, 막상 떠나야 할 사람들은 떠나지 않는 비극을 맞게 될 것이다.

## | 일 잘하는 팀원이 가진 역량을 정의하라 |

팀장으로서 팀을 절대 떠나서는 안 될 사람이 누구인지 생각해본 적이 있는가? 그 사람들의 명단을 작성해보라. 그리고 이 명단은 실질적으로 팀 성과에 기여하는 사람들로 채워져야 할 것이다. 이를 위해서 당신의 개인적인 취향이나 선호가 아닌, 철저히 팀 성과 창출에 기여하는 사람이 가진 역량이 선행적으로 정리되어야 한다. 당신의 팀에서는 어떤 역량을 가진 사람이 일을 잘하는 사람인가?

나는 일전에 팀에서 일을 잘하는 사람의 역량을 찾아본 적이 있다. 그 내용은 다음과 같다.

HRD 팀의 역량 모델
- 회사의 성과 창출에 도움이 되는 교육 프로그램이나 워크숍을 디자인할 수 있다.
- 자신이 만든 콘텐츠로 청중의 몰입을 끌어내는 강의를 할 수 있다.
- 조직이나 리더십 역량 모델을 도출할 수 있다.
- 적절한 퍼실리테이션 기법을 디자인하여 활발한 토론을 이끌 수 있다.
- 고객의 경력과 역량 개발에 도움이 되는 정보를 줄 수 있다.
- 단위 조직의 변화 이슈를 도출하고 이를 토대로 조직의 변화를 끌어낼 수 있다.
- 사람에 대한 애정과 이해를 바탕으로 학습 장면에서 참가자의 지지와 참여를 끌어낼 수 있다.

역량의 의미는 '해당 분야에서 일 잘하는 사람이 남다르게 보유하고 있는 능력'을 말한다. 그리고 이러한 역량을 상기와 같이 모두 찾아 정리한 것을 역량 모델이라고 한다. 한 사람이 혼자 힘으로 수행할 수 있는 일의 수준과 범위에 대한 명확하고 구체적인 내용을 담고 있어야 한다.

그런데 당시 HRD 팀에서 이렇게 일곱 가지의 역량을 정하고 보니 한 가지 문제가 발생했다. 남다른 수준으로 정리하다 보니 팀원들 가운데 아무도 이를 다 갖추고 있는 사람이 없었던 것이다. 어떻게 해야 할지 고민하다가 그대로 확정하기로 했다. 그 이유는 두 가지다.

먼저, 앞에서 말했듯이 역량은 해당 분야의 최고 수준으로 정의되어야 한다. 역량이라는 용어의 정의는 최고 수준과 평균 수준의 사람의 차이를 뜻한다. 예를 들면 최고 수준이 100이고 평균 수준이 80이라면 100과 80의 차이인 20을 설명하는 내용이어야 하는 것이다. 80의 평범한 내용을 설명하는 것은 쓸모가 없다. 역량은 한 분야의 고수가 가진 속성을 정리하는 것임을 잊어서는 안 된다. 그래서 아무나 쉽게 범접할 수 없는 수준을 내용에 담고 있어야 한다.

이러한 역량의 정의를 놓고 보면 '역량이 있다'의 반대말은 '역량이 없다'가 아니라 '평범하다'라고 말할 수 있다. 역량은 그 분야에 종사하는 사람들의 현재 역량 수준에 대한 진단의 기준이 됨과 동시에 성장의 목표 지점이 된다. 따라서 현재 팀원 모두가 이러한 수준에 이르지 못한다고 실망할 필요는 없는 것이다. 회사의 성과 창출을 위해 필요한 역량이 이렇게 정해졌으므로 이를 바탕으로 자신의 현재 수준을 객관적으로 이해하고 각 팀원은 이를 목표로 학습에 매진하면 된다.

상기의 예와 같이 당신의 팀에서 성과 창출을 주도하는 고수의 역량을 정리한다면 어떤 내용으로 구성될지 생각해보라. 될 수 있으면 팀장 혼자서 하려 하지 말고 팀원들과 함께 정리하는 것이 바람직하다. 일 잘하는 사람의 역량에 대해 팀장과 팀원의 생각이 서로 다를 수 있기 때문이다. 팀장의 입장에서 아무리 정교하게 규정한다고 하더라도 팀원들이 동의하지 않으면 힘을 얻기가 어렵다. 팀의 성과 창출에 필요한 역량을 도출할 때 중요한 것은 내용에 대한 공감대다. 우리 팀에서 최고의 성과를 내기 위해 필요한 역량이 어떤 것이 있는지를 묻고 토론을 통해 정리하면 된다. 역량을 정리할 때 해당 분야 전문가의 도움을 받는 것도 좋을 것이다.

가짓수가 많을 필요는 없다. 많아도 열 가지를 넘기지 않는 것이 좋다. 가짓수가 늘어나는 것은 지나치게 세분화된 분류를 했을 때 나타나는 현상이다. '장님 코끼리 만지기'라는 말이 있다. 코끼리를 잘게 쪼개면 그것은 더 이상 코끼리가 아닌 것처럼, 너무 세분화된 분류를 하게 되면 업(業)의 속성을 반영하지 못할 가능성이 커진다. 또한 팀원들이 잘 기억할 수 있도록 하기 위해서라도 열 가지 이내로 정리하는 것이 좋다.

이렇게 일을 잘하는 팀원의 역량을 정의하고 나면 다음 표와 같이 각 팀원의 현재의 역량 수준을 분석할 수 있게 된다.

| 역량 정의 | 역량 숙련도 수준 | | | | |
|:---:|:---:|:---:|:---:|:---:|:---:|
| | 왕초보 | 초보 | 중급 | 상급 | 고급 |
| A | | | V | | |
| B | | V | | | |
| C | | | | V | |
| D | | | | | V |
| E | | | | V | |
| F | V | | | | |

위와 같이 팀원 개개인의 역량 진단을 하면 팀장은 팀원의 역량을 한눈에 파악할 수 있다. 그리고 팀원 개개인의 역량 수준을 알면 각 팀원을 어떤 식으로 육성해야 할지도 보다 쉽게 알게 된다.

# A플레이어 그리고 C플레이어

" 일을 해보니 팀원들이 저마다 다릅니다. 그래서 업무를 부여하거나 피드백을 할 때 팀원 개개인에게 적합한 접근을 해야 합니다. 혹시 팀원을 분류하고 이해하는 데 도움이 되는 도구가 있을까요? 서로 유형이 다른 팀원과 일할 때 어떤 식으로 하는 것이 좋을까요? "

모든 팀장이 꿈꾸는 것이 한 가지 있다. 똑똑한 팀원들로 가득 찬 팀이다. 그래서 팀장이 특별한 신경을 쓰지 않아도 팀이 저절로 돌아가고 알아서 척척 성과를 창출하는 그런 팀 말이다. 꿈 깨라. 이 세상에 그런 팀은 존재하지 않는다. 나라 전체를 위해서는 바람직하지 않은 현상일 수 있지만 대기업은 대학생들의 취업 선호도가 매우 높으며 입사 경쟁률도 매우 높다. 수많은 입사 지원자들 가운데 입맛에 맞는 똑똑한 직원들을 선발하기 위해 매우 정교하고 고도화된 인터뷰 기법과 도구를 활용한다. 그리고 입사한 신입사원들의 면면을 보면 어김없이 원하는 인재들을 뽑는 데 성공한 것 같다. 그런데 묘한 일은 이런 과정을 통해 입사한 직원들 가운데도 시간이 흘러 다시 보면 어김없이 C플레이어가 나온다는 사실이다.

조직에서 일반적으로 중간 수준의 성과를 내는 80퍼센트의 직원을 B플레이어라고 규정한다. 그리고 상위 10퍼센트는 A플레이어, 하위 10퍼센트는 C플레이어라고 규정한다. 확률적으로 보았을 때 마음에 쏙 드는 팀원을 만날 확률은 10퍼센트가 안 된다는 말이다. 팀원의 대부분인 80퍼센트는 뭔가 성에 안 차고 10퍼센트는 골머리를 썩게 하는 팀원이다.

과거에 기업들은 C플레이어에 대해서 매우 냉정한 입장을 취하는 일이 많았다. 예를 들어 매년 하위 10퍼센트의 C플레이어를 추려내고 2년 연속 C플레이어일 경우 해고를 한다. 《좋은 기업을 넘어 위대한 기업으로》의 저자인 짐 콜린스는 기업을 다음 단계로 도달하게 하려면 버스에 올바른 사람을 태우고 잘못된 사람을 내리게 해야 한다고 하였다. 하지만 이 말은 팀장인 당신이 귀담아듣지 않는 것이 좋겠다. C플레이어에 대한 인사 조치를 하지 않는 한 팀장은 좋든 싫든 C플레이어와 함께 일하고 생활해야 하는 것이 현실이다. 만약 어떤 절차에 의해 C플레이어가 팀에서 사라졌다고 해도 시간이 조금 지나면 금세 새로운 C플레이어가 탄생하게 될 것이다. 팀원이 1명이 아닌 이상 B플레이어, C플레이어는 반드시 존재할 수밖에 없다. 어떻게 하면 C플레이어를 내보낼 수 있을까가 아니라 어떻게 하면 그 팀원을 팀장의 편으로 만들 수 있을까를 고민하는 것이 보다 현명한 자세다.

완벽한 팀은 멋진 팀워크를 보유하고 있으면서 팀원 개개인의 역량이 100퍼센트 발휘되는 조직이다. 여기서 팀원의 역량이 제대로 발휘되려면 팀장은 팀원들에 대한 이해가 깊어야 하며 특히 각 팀원의 팀 성과에 대한 기여 수준을 명확히 파악하고 있어야 한다. 이러한 관점에서 팀원들을 A·B·C플레이어로 구분해본다면 팀원들을 보다 효과적으로 활용할 수 있음은 물론 육성 또는 성과 창출 지원 방안을 함께 모색할 수 있을 것이다.

하지만 팀장이 A·B·C플레이어를 규정하는 일이 쉽고 단순하진 않다. 먼저, 사람은 바라보는 관점에 따라 달리 보인다. 지인 가운데 늘 신규 사업에 도전하는 사람이 있다. 그는 성향상 새로운 일을 개척하고 추진할 때 삶의 에너지를 얻는 사람이다. 통상 신규 사업의 성공 가능성은 3퍼센트가 채 되지 않는다고 한다. 그는 이 통계를 충실히 따르고 있는 사람이다. 그는 늘 새로운 일을 시도하지만 성공한 일은 별로 없다. 이 사람을 어떻게 보아야 할 것인가?

그는 오랫동안 조직에서 시쳇말로 사람대접을 못 받아왔다. 일을 벌이는 것은 능하지만 이렇다 할 성과는 만들지 못했기 때문이다. 입사 동기보다 승진도 늦었고 인정도 받지 못했다. 그런데 어느 날 이런 그가 서서히 빛을 발하기 시작했다. 회사의 경영 모드가 신수종 사업(新樹種, 새로운 종류의 나무라는 뜻으로 미래를 이끌어갈 만한 새로운 사업)을 찾는 방향으로 바뀌었기 때문이다. 사람에 대한 평가는 코에 걸면 코걸이고 귀에 걸면 귀걸이다. 바라보는 각도에 따라 평가는 달라진다.

하는 일에 따라 사람에 대한 평가가 달라지기도 한다. 회사에서 일하다 보면 성과가 눈에 보이는 일이 있다. 그것은 경영자가 직접 지시하거나 관여하는 일이다. 이런 일은 회사의 자원을 듬뿍 지원받을 수 있고 설사 잘못되더라도 그럴듯한 성과로 포장되어 면피할 수 있다. 잘하든 못하든 성과가 보장되는 일이다. 이런 일을 하는 사람은 그 사람의 역량과는 상관없이 A플레이어가 되는 일이 많다. 또한 운이 따라 시장 환경이 좋아져 높은 성과를 거두는 경우도 있다.

때로는 화려한 언변으로 잘 먹고 잘사는 사람도 있다. 반대로 제아무리 열심히 일해도 눈에 띄지 않는 일을 하고 있거나 쉽게 성과가 나지 않는 험하고 어려운 일에 도전하는 사람은 A플레이어와는 거리가 먼 삶을 살아간다. 의외로 조직에는 이러한 불공평한 일이 정말 빈번하게 발생한다.

따라서 팀장은 팀원의 성과에 대한 기여도를 판단할 때 어떤 요소보다도 철저히 사람 자체를 보고자 노력해야 한다. 다시 말하면 한 사람을 둘러싸고 있는 포장지를 거둬내고 알맹이를 볼 수 있어야 한다. 나 역시 직장생활을 해오면서 이런 점에서 실망스러운 팀장을 여럿 보아왔다. 학연, 지연뿐 아니라 자신의 지시에 대한 반응 정도 등으로 사람을 평가한다. 다시 말하면 자신의 지시를 잘 따르는 사람은 유능한 팀원이고 지시를 따르지 않은 직원은 무능한 팀원으로 평가해버린다.

팀원들은 바보가 아니다. 팀장의 행동을 보면서 자신의 행동을 결정한다. 팀장이 이런 식으로 평가를 하면 자연히 팀원들은 성과 창출보다는 팀장의 마음을 사는 일에 집중하게 될 것이다. 이마저도 할 수 없는 팀원은 팀장과 팀에 등을 돌리고 나아가 회사에도 부정적인 감정을 갖게 된다. 외부의 모든 요소를 배제한 채 있는 그대로 팀의 성과에 가장 기여하는 사람이 높은 평가를 받아야 한다.

나는 그것이 무엇이든 현장에 적용이 되려면 단순해야 한다는 믿음을 가지고 있다. 복잡한 것은 논리에는 맞을 수 있겠지만 적용하는 데는 어려움이 많다. 팀원을 평가하는 도구도 쉽게 이해할 수 있는 단순한 것이어야 한다. 이런 관점에서 팀원 평가의 도구 한 가지를 제시한다. 도구 이름은 '팀원 평가 윈도우'라고 하겠다.

**팀원 평가 윈도우**

| 실력 | | |
|---|---|---|
| | B플레이어<br>실력은 높은데<br>열심히 일하지 않는 팀원 | A플레이어<br>실력도 높고<br>열심히 일하는 팀원 |
| | C플레이어<br>실력도 낮고<br>열심히 일하지 않는 팀원 | B플레이어<br>실력이 낮은데<br>열심히 일하는 팀원 |

성실성

'팀원 평가 윈도우'는 두 가지 요소로 구성되어 있다. 첫 번째 요소는 실력이다. 실력은 성과를 창출하는 데 필요한 지식과 기술을 얼마나 보유하고 있는가를 따지는 것이다. 두 번째 요소는 성실성이다.

성실성은 팀의 성과 창출을 위해 얼마나 열심히 일하느냐를 따진다. 팀원 평가 윈도우는 실력이 있는 사람이 성실하게 일하면 당연히 높은 성과가 창출된다는 논리를 따른다.

## | 관심 수준은 똑같이, 접근 방식은 다르게 |

팀원 평가 윈도우는 팀장이 업무 현장에서 보다 쉽게 활용할 수 있는 모델로도 적합하다. 팀장은 팀원들을 관찰하면서 각 팀원이 4개의 박스 가운데 어디에 해당하는지를 판단할 수 있을 것이다. 빈 박스를 그려놓고 팀원들의 이름을 박스 안에 채워보길 바란다. 우측 상단(높은 실력, 높은 성실성)에 해당하는 팀원은 A플레이어라 칭할 수 있을 것이다. 그리고 좌측 상단(높은 실력, 낮은 성실성)과 우측 하단(낮은 실력, 높은 성실성)에 해당하는 팀원은 B플레이어라 말할 수 있다. 그리고 좌측 하단(낮은 실력, 낮은 성실성)에 해당하는 팀원은 C플레이어라 볼 수 있을 것이다. 자, 이렇게 팀원들을 분류해놓고 생각해보자. 팀장은 누구와 가장 많은 시간을 보내야 하겠는가?

1. A플레이어
2. B플레이어
3. C플레이어

당신의 답은 무엇인가? 사람들에게 물어보면 A플레이어라는 답변이 가장 많다. 아무래도 팀에서 가장 높은 성과를 내는 팀원이기 때문에 그만큼 더 신경을 써야 한다는 의미일 것이다. 특히 이들은 외부에 탐내는 회사들이 많기 때문에 조직에서 그만큼 더 관심을 가져주고 보상도 해주어야 한다는 논리였다. 그런데 이런 추세는 B플레이어를 거쳐 C플레이어로 넘어왔다.

B플레이어에게 신경을 더 써야 한다는 이유는 A플레이어의 보헤미안 기질 때문이다. A플레이어는 한 조직에 뿌리를 내리기보다 철새와 같이 움직이는 성향이 있다. 특히 요즘 이직이 우리 사회의 보편적인 현상으로 자리 잡아가고 있는 상황에서 A플레이어는 조직을 불안하게 하는 요인이 되기도 한다. 늘 자리를 옮기는 사람과 조직의 미래를 함께 생각할 수는 없는 일이다. B플레이어에게 관심을 가져야 한다는 논리는 이렇다. B플레이어는 조금만 도와주면 A플레이어로 성장할 수 있는 잠재력을 가지고 있고 더욱이 이들은 A플레이어와는 달리 조직에 대한 충성심도 강하다. 그렇기에 B플레이어를 A플레이어로 만드는 데 집중해야 한다는 것이다.

C플레이어에게 팀장이 가장 많은 시간을 보내야 하는 이유는 A나 B플레이어와는 약간 차원이 다르다. C플레이어를 방치할 경우 팀워크를 해치고 팀원들의 전반적인 의욕 수준이 떨어질 가능성이 높기 때문이다.

결론적으로 봤을 때 팀장은 A든 B든 C든 팀원이라면 모두에게 골고루 자신의 관심과 시간을 할애해야 한다. 다만 유형별로 다른 접근 방식을 사용해야 할 것이다.

A플레이어는 일을 잘하는 사람이다. 따라서 최대한 그의 의견을 존중하고 그가 자신의 역량을 마음껏 펼칠 기회를 제공해주어야 한다. 그가 일을 하면서 불편을 느끼는 요인이 있는지를 묻고 이를 해소해주기 위한 지원을 아끼지 말아야 한다. 자신의 분야에 고도의 전문성을 가지고 있고 의욕이 충만한 사람은 타인이 개입하지 않을 때 최고의 기량을 발휘할 수 있다.

코리안 메이저 리거로 명성을 떨치고 있는 류현진 선수가 메이저리그에 진출한 첫해, 그의 야구 스타일에 대해 여러 가지 말이 많았다. 특히 메이저리그에서는 선발 투수의 경우 쉬는 날에는 불펜 투구를 통해 컨디션을 조절하는 관행이 있다. 하지만 류현진 선수는 한국에서 그와 같은 불펜 투구를 한 적이 없었다. 이를 두고 잠시 논란이 있었지만 팀은 곧바로 류현진 선수의 의견을 존중했다. 불펜 투구를 하는 것은 팀의 관행이지만 선수가 최고의 기량을 발휘할 수 있다면 그것을 굳이 강요할 필요는 없다는 논리였다. 그리고 류현진 선수는 보란 듯이 기대에 부응했다.

A플레이어에게는 방목이 가장 효과적인 접근이다. 일할 수 있는 환경을 잘 만들어주고 자유롭게 내버려 두는 것이 가장 좋다. 특히 A플레이어는 자존심이 강하다. '콩 놔라 팥 놔라' 식의 지시는 그의 자존심에 상처를 입히고 사기를 크게 떨어뜨린다.

B플레이어에는 두 가지 유형이 있다. 하나는 실력은 낮지만 성실성은 높은 B플레이어고, 다른 하나는 실력은 높지만 성실성이 낮은

B플레이어다. 전자를 '낮은 실력 B플레이어'로 후자를 '낮은 성실성 B플레이어'로 칭하기로 한다. '낮은 실력 B플레이어'에 대해서는 당연히 실력을 향상시킬 기회를 주어야 한다. 업무를 부여할 때도 최대한 자세한 설명을 통해 이해를 도와야 한다. 또한 부족한 실력을 키우기 위한 적절한 학습 기회를 제공해주어야 한다. 때로는 실력보다 한 단계 높은 수준의 업무를 할 수 있는 기회를 제공하여 일을 통한 육성이 이뤄질 수 있도록 하는 것도 좋은 방법이다.

'낮은 실력 B플레이어'가 다행인 점은 성실성이 높은 수준이기 때문에 학습 속도가 매우 빠르다는 점이다. 이들에게 적절하고 효과적인 학습의 기회를 제공한다면 A플레이어로의 성장이 그만큼 빨라질 것이다.

반면 '낮은 성실성 B플레이어'는 상대적으로 복잡하다. 저마다 성실하게 일하지 않는 요인이 다를 수 있기 때문이다. 팀원의 의욕을 떨어뜨리는 요인은 다양하다.

**팀원의 의욕이 떨어지는 원인들**

- 일이 적성에 맞지 않아서
- 처음 해보는 일이라서
- 자신이 맡은 일이 주목받지 못하는 일이기 때문에
- 팀장이나 함께 일하는 다른 팀원과 관계가 좋지 않아서
- 너무 많은 일에 지쳐서
- 일의 난이도가 너무 높아서

- 과중한 목표로 인해서

- 집안에 좋지 않은 일이 생겨서

- 몸이 아파서

- 근무 환경이 안 좋아서

- 슬럼프가 와서


어디 이뿐이겠는가? 사람이 일에 의욕이 떨어지는 요인은 각양각색이다. 따라서 지레짐작을 하기보다는 해당 팀원과 심층 면담을 통해 무엇이 의욕을 떨어뜨리는지 정확히 이해해야 한다. 그리고 그것을 해소할 수 있는 방법이 있다면 그것을 찾아 그를 도와주어야 한다. 의욕 저하의 기간이 길어지면 만성적인 의욕 부진 상태에 빠져 C플레이어가 될 가능성이 높아진다.

C플레이어에 대해서 가장 먼저 해야 할 일은 그가 어쩌다 이런 상황에 이르렀는지를 확인하는 것이다. 종종 적성에 맞지 않은 일을 오래 하거나 오랫동안 인정을 받지 못한 채 방치된 경우일 수 있다. 조직생활에 어울리지 않는 독특한 개성이나 성격상 문제가 있는 경우도 종종 있다.

# 1퍼센트의 행동 변화를 도우라

> **"** 우리 팀 안에 무기력한 팀원이 있어요. 도대체 일을 하려고 하지 않습니다. 가뜩이나 인력이 부족한 상황인데 고민이 많습니다. 팀장인 제가 어떻게 하면 그가 바뀔까요? **"**

C플레이어는 실력도 낮고 성실하게 일하지 않는 유형이다. 이들을 다시 정의하면 자포자기 유형이라고 말하는 것이 더욱 정확할 것이다. 조직에 대한 아무런 기대도 없고 개인의 성장 비전도 가지고 있지 못하다. 이들은 실력이 낮은 사람일 수도 있지만 가진 실력조차 발휘할 의욕이 없다는 편이 더 정확한 표현일 것이다. 이들에게서는 뭔가 하려고 하는 동기라는 것을 찾아볼 수가 없다. 이들의 유일한 목표가 있다면 그것은 아마도 조직에서 자신의 노력을 최소화하며 최대한 오래 버티는 것이 아닐까?

스포츠에서는 C플레이어를 경기장에 그냥 방치하지 않는다. 즉각적인 선수 교체를 통해 C플레이어가 경기장에 머무를 수 없게 한다.

하지만 비즈니스 세계에서는 이것이 용이치 않다는 게 문제다. 팀장은 운명이라 생각하고 C플레이어를 안고 살아야 한다. 그런데 좀 우스운 이야기이긴 하지만 팀장에게 C플레이어가 마냥 나쁜 것만은 아니다. 연말에 팀원 인사평가를 할 때 누가 봐도 이들의 자리는 항상 바닥으로 정해져 있다. 본인 역시 자신의 자리를 잘 알고 있다. 팀에 이들이 존재함으로써 상대적으로 다른 팀원들의 인사 고과를 좀 더 챙겨줄 수 있는 여지도 있다. 물론 웃자고 하는 얘기다.

C플레이어가 좋은 것이 또 하나 있다. 팀장으로서 스스로의 리더십을 개발할 수 있는 더없이 좋은 기회가 될 수 있다. 이것은 웃자고 하는 얘기가 아니다. C플레이어를 B플레이어나 A플레이어로 바꿔 놓는 경험을 할 수 있다면 앞으로 당신의 리더십에 대해서는 크게 걱정하지 않아도 될 것이다.


## | 인간적으로 가까워져야 한다 |

먼저 팀장은 C플레이어가 조직에 미칠 수 있는 악영향에 대해 잘 알고 있어야 한다. 팀에 C플레이어가 있을 때 나타나는 가장 큰 문제는 팀 전체의 의욕 수준이 전반적으로 떨어질 가능성이 높다는 점이다. 팀에서 누군가가 제 몫을 하지 못했을 때 팀에는 '역할 수행 불균형 현상'이 발행한다. 그리고 불균형은 모두의 불만을 일으키고 팀 전체의 노력 수준 저하 현상으로 이어지기 십상이다.

역할 수행 불균형 현상은 다음과 같다. 먼저 이상적인 팀의 모습은 팀원 모두가 각자에게 주어진 역할을 100퍼센트 충실히 수행하는 것이다. 그런데 팀원 중 누군가가 80퍼센트 수준밖에 해내지 못한다면 어떤 일이 발생할까? 팀장은 부족한 20퍼센트를 채우기 위해 소위 일 잘하는 팀원을 좀 더 활용하는 카드를 꺼낸다. 결국 팀장으로부터 간택 받은 누군가는 120퍼센트를 해내야만 한다.

100미터를 전력으로 달린 육상 선수를 생각해보라. 숨을 헉헉거리고 서 있을 기력조차 없어 바닥에 드러누워 버린다. 이런 그에게 20미터를 더 뛰라고 한다면 한계 상황에서 실제 몸으로 느끼는 피로도는 단순한 20미터가 아닐 것이다. 더구나 일의 속성은 이처럼 단순하지 않다. 무능한 사람으로부터 가져온 20퍼센트의 일은 그가 수행하는 나머지 80퍼센트의 일보다 중요도나 난이도 측면에서 더 클 가능성이 높다.

결국 120퍼센트 팀원은 업무 과부하로 인한 극심한 한계 피로 상황에 이를 것이다. 뭔가 눈에 띄는 보상이 주어지지 않는 한 120퍼센트 팀원에게 결코 달갑지 않은 상황이다. 자신을 이러한 상황으로 내몬 80퍼센트 팀원과 자신을 비교하게 된다. 그는 산술적으로 20퍼센트의 일을 더 하지만 80퍼센트 팀원과 비교해보면 40퍼센트의 일이 더 많다. 그에 비해 무려 1.5배의 일을 더 수행하는 셈이다. 이처럼 심리적으로 느끼는 불균형은 훨씬 더 크다.

그런데 120퍼센트 팀원만 이런 불균형을 느낀다면 오산이다. 나머지 100퍼센트 팀원들도 80퍼센트 팀원을 보면서 자신이 20퍼센트의 일을 더 하고 있다는 불만을 갖게 된다. 크게는 40퍼센트에서 작게는 20퍼센트의 불균형을 느끼는 팀원들은 어떻게든 균형을 맞추고자 노력할 것이다. 그래서 80퍼센트 팀원과의 차이만큼 보상받기를 원한다. 하지만 조직의 관점에서는 80퍼센트 팀원이 문제이지, 100퍼센트 팀원에게 더 큰 보상을 제공할 이유가 없다. 이러한 불균형은 결국 보상으로 해결되지 않는다. 팀원들은 자신의 노력 수준을 80퍼센트 팀원과 가까운 수준으로 줄이는 방법으로 이러한 불균형을 해소하려 한다.

이와 같이 C플레이어는 팀 내 역할 수행에 불균형을 일으키기도 하지만 자칫 팀워크를 해치는 주범이 되기도 한다. 그는 어떻게든 자신의 처지에 대한 합리화를 시도할 것이다. 그리고 자신이 그나마 의지할 만한 자기편을 만들려 애쓸 것이다. 이 과정에서 팀 내 불협화음이 발생할 수 있다.


## | 1퍼센트의 변화를 도우라                                    |


C플레이어에 대한 팀장의 단기 목표는 일단 그와 인간적으로 가까워지는 것이다. 하지만 대부분의 팀장은 이것을 포기한다. 전생의 '웬수' 같은 밉상이 아닌가? 전력 외로 취급하고 거들떠보지도 않는다. 직접 그에게 다가가려 하기보다는 밑의 누군가를 시켜 어떻게 좀 해보라고 다그친다. 심지어 꼴 보기 싫어 다른 팀으로 전출시킬 방

안까지도 모색한다(이런 노력은 대부분 실패한다. 이미 소문난 C플레이어를 받아들여 줄 조직은 없다).

그런데 당신이 이런 식으로 접근한다면 C플레이어인 그 역시 가만있지 않는다. 당신에게 반발하거나 당신을 공격하게 될 것이다. 이런 모습은 최악의 상황이며 아무도 원치 않는 모습이다.

따라서 일단 당신이 할 일은 그와 등을 지지 않는 것이다. 그리고 그와 같은 편에 서는 것이다. 같은 팀 소속이지 않은가? 그가 팀에서 소외되지 않도록 챙겨주고 그와의 소통을 적극적으로 해나가야 한다. 한 개인이 C플레이어로 전락하는 데는 항상 그만한 사연이 있다. 그것을 먼저 이해해야 한다. 조언이나 충고는 대개 도움이 되지 않는다. 그런 것이 통할 것 같으면 이런 상황에 이르지도 않았다. 그저 그의 이야기를 주의 깊게 들어주고 공감해주면 된다. 그리고 혹시 당신이 그를 도울 수 있는 점이 있다면 먼저 손을 내밀어 도와라. 진심은 통한다. 당신이 진심으로 그를 이해하고 돕는다면 그 역시 당신을 도울 것이다.

이렇게 그와 가까워진다면 이후에는 당신이 뭔가 변화의 제안을 해도 그가 받아들일 것이다. 참고로 그가 변하기를 원한다면 목표는 소박하게 잡는 것이 좋다. 영화나 드라마를 보면 주인공이 어떤 사건이나 계기를 맞아 180도 다른 사람으로 바뀌는 장면을 종종 볼 수 있다. 예를 들면 평소에 매우 소극적이고 용기 없던 사람이 어떤 계기로 인해 용맹무쌍한 사람으로 바뀌어 악당들과 싸우는 것과 같은 장면 말이다. 이런 장면들에 너무 익숙해져서인지는 몰라도 우리는 사람의 변화를 너무 손쉽게 생각하는 경향이 있다. 하지만 이는 말 그대로 드라마에서나 가능한 일이다. 현실 속에서의 사람은 잘 바뀌지 않는다. 개과천선을 기대하는 일 따위는 절대 하지 말라. 기대하는 만큼 실망감도 커질 것이다. 차라리 아무런 기대를 하지 않는 편이 더 속 편한 접근이다.

한 연구 결과에 따르면 한 인간이 성격상 가장 완벽하게 바뀔 수 있는 수준은 기껏해야 20퍼센트 정도라고 한다. 그것도 아주 오랜 시간이 걸려서 말이다. 경험적으로 보면, 낳아 기른 자녀의 작은 행동도 바꾸기 어렵다. 가정에서도 이럴진대 하물며 성인의 행동은 어떻겠는가? 아무튼 팀원에게 뭔가 변화를 기대한다면 1퍼센트, 아니 0.1퍼센트의 변화를 목표로 접근하는 것이 현명하다.

예를 들어 업무 역량이 현저히 떨어지는 팀원이 있다면 그가 잘할 수 있는 아주 작은 일을 맡겨 성취 경험을 맛보게 해야 한다. 일을 잘 챙기지 않아 문제가 되는 팀원이 있다면 그가 일할 때 꼭 챙겨야 하는 체크리스트를 함께 만들어보고 같이 챙기는 형식으로 도와주면 될 것이다. 일을 하기 싫어하는 팀원이 있다면 그가 하고 싶은 일이 어떤 것인지 물어보고 그 일을 수행할 기회를 줘보는 것도 좋을 것이다. 처음 시작은 아주 미약할 수 있겠지만 첫술에 배부를 순 없다. 그리고 어떤 것이든 작은 변화가 이뤄지면 그 이후부터는 시간의 흐름과 함께 변화의 각도가 우상향으로 점점 커지게 될 것이다. 이것이 C플레에이어 대해 기대하고 접근할 수 있는 현실적인 최선이다.

마지막으로 C플레이어에 관한 유의사항이 한 가지 있다. C플레이어의 비중이 하위 10퍼센트라고 해서 인위적으로 하위 10퍼센트를 무조건 C플레이어로 규정하는 우를 범해서는 안 된다. 그것은 지극히 이론적이고 일반적인 이야기일 뿐이다. 팀장이라면 팀원에 대한 모든 가능성을 항상 열어놓고 있어야 한다.

사람은 보는 시각에 따라 그 가치가 달라진다. 팀장 스스로 C플레이어가 없다고 생각하면 C플레이어는 없는 것이다. 어떻게든 모든 팀원을 B플레이어 이상의 범주에 포함시키고 그들의 잠재력을 꽃피우려고 다방면으로 애쓰는 것이 바람직한 팀장의 모습일 것이다.

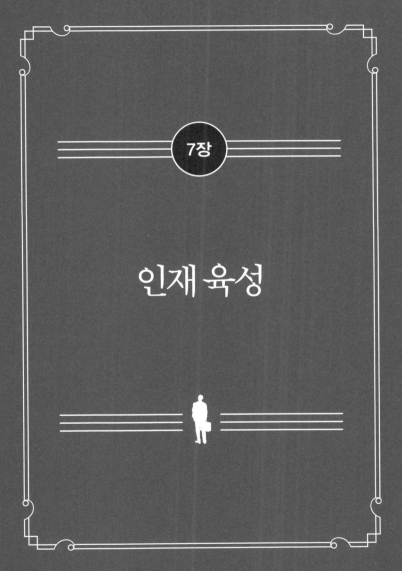

7장

인재 육성

# 팀원의 마음속에는 무엇이 있을까

" 우리 팀원들의 마음을 알고 싶습니다. 그들의 마음속에 무엇이 있는지를 알아야 팀장으로서 팀원들에게 제대로 동기부여를 할 수 있을 것 같습니다. 그들의 마음속에는 무엇이 존재하고 있을까요? "

팀원들과 소통하고자 하는 팀장이라면 팀원의 마음속에 무엇이 존재하는지를 우선 알아야 한다. 나는 조직에서 일하는 다양한 사람들을 만나면서 사람들의 마음속에는 공통적으로 네 가지 욕구가 존재한다는 사실을 알게 되었다. 그 욕구들을 이해하기 쉽게 동물의 속성에 비유해서 표현하면 다음의 네 가지로 정리할 수 있다.

- 당나귀
- 강아지
- 수탉
- 고양이

## | 팀원 마음속 네 가지 동물 |

첫 번째는 당나귀의 욕구다. 주변 동물들과 사이 좋게 지내는 당나귀처럼 함께 일하는 '동료들과 잘 지내고 싶은 욕구'다. 퇴근 후 마음이 통하는 동료와 회사 근처 포장마차에서 따뜻한 국물에 소주 한잔 기울일 때가 가장 행복하다고 말하는 사람도 있다. 직장에서 사이가 좋지 않은 동료로 인해 심한 고생을 해본 적이 있을 것이다. 하루 평균 최소 여덟 시간을 함께 지내는 동료들과 만약 사이가 좋지 않거나 불편한 관계라면 하루하루가 스트레스의 연속이 아닐 수 없다. 회사에 새롭게 입사한 신입이나 경력사원들의 고충을 들어보면 회사 시스템이나 사업 등에 대한 이야기는 거의 나오지 않는다. 바로 함께 얼굴을 마주 보고 일해야 하는 동료들과의 관계가 거의 전부다.

두 번째는 강아지의 욕구다. 이는 '인정받고 싶은 욕구'를 뜻한다. 직장인들은 자신에게 중요한 윗사람과 직장으로부터 인정받기를 원한다. 윗사람의 "수고했어"라는 말 한마디에 피로가 눈 녹듯 사라지는 경험을 해본 적이 있을 것이다. 직장인이 회사를 떠나는 가장 압도적인 이유는 바로 직속 상사와의 갈등 때문이다. 상사로부터 인정받지 못한 상황에서는 회사에서 어떤 비전도 가질 수가 없다.

요즘 직장인들에게는 심혈관계 질환이 많이 발생한다고 한다. 대부분 스트레스가 주된 원인이라고 하는데 그 스트레스의 가장 큰 원인이 바로 직속 상사와의 관계다. 나로 인해 누군가가 아플 수 있다는 생각을 해본 적이 있는가? 한 통계에 따르면 상사로부터 인정을 받으면 직장생활의 만족도가 두 배 올라간다고 한다.

세 번째는 수탉의 욕구다. 바로 '하고 싶은 일을 하고자 하는 욕구'다. 시골에 가면 수탉은 새벽에 가장 먼저 일어나 높은 곳에 올라가 목청껏 울어댄다. 이른 아침에 세상을 깨우는 소리다. 누구보다도 일찍 일어나 높은 곳에 올라가서 힘찬 소리를 낸다. 이는 자신의 에너지를 소모해야 하는 쉽지 않은 일이다. 누가 시킨 일도 아닌데 수탉은 그 일을 본능적으로 수행한다. 수탉처럼 사람은 스스로 하고 싶은 일을 할 때 가장 열정적으로 할 수 있다. 이런 관점에서 보면 사람을 동기유발 하는 것은 그리 어렵지 않다는 생각도 든다. 팀원들이 저마다 하고 싶은 일을 할 수 있는 기회를 제공하면 되지 않겠는가? 현실적으로는 팀원들이 스스로 자신이 하고 싶은 일을 잘 모르는 경우도 있고 설사 안다고 하더라도 팀의 여건상 그 일을 줄 수 없는 경우도 많다.

마지막으로 고양이의 욕구다. 고양이는 '성장, 발전의 욕구'를 의미한다. 사람과 함께 사는 고양이는 성장하면서 집 밖으로 탈출하려는 성향을 보인다. 좀 더 넓은 세상으로 자기 삶의 영역을 확장하려는 것이다. 직원들도 마찬가지다. 시간이 지나면서 스스로 성장, 발전하는 모습을 확인하고 싶어 한다. 그러나 그렇지 못할 때는 답답하고 불안감을 느끼게 된다. 요즘 신입사원의 특징 중 하나는 꿈이 달라졌다는 것이다. 예전에는 회사에서 임원이나 사장이 되겠다는 꿈을 가진 신입사원들이 많았다. 그러나 요즘은 자기 분야에서 전문가가 되겠다는 신입사원들이 훨씬 더 많다. 평생직장이 아닌 평생 직업을 갖기를 원하는 오늘날의 시대상이 반영된 것이다.


## | 팀원의 욕구와 소통하라 |

이렇게 팀원들의 마음에는 이 네 가지 동물들이 자리 잡고 있다. 만약 당신의 팀원 가운데 누군가의 마음이 불편하다면 마음속 이 네 가지 동물 가운데 문제가 있을 가능성이 높다. 이러한 네 가지 욕구와 관련해서 욕구별로 팀장이 팀에서 반드시 챙겨야 하는 일들이 있다.

먼저, 당나귀의 욕구를 해소하기 위해서는 팀원들이 서로 친밀한 관계를 유지할 수 있도록 애써야 한다. 팀원 간의 관계가 소원하면 팀 분위기가 처지고 활기가 없어진다. 또한 끼리끼리 어울리고 상호 배타적인 모습이 나타나는가 하면 함께 어울리지 못하고 일부 소외된 팀원이 발생하는 경우도 있다. 팀원들이 서로 어울리는 장면을 유심히 관찰하다 보면 이러한 현상을 쉽게 파악할 수 있다. 팀장은 팀원들을 지나친 경쟁 구도로 몰아가서는 안 되고 팀원 간 갈등을 조정하며 좋은 팀 분위기를 만드는 데 애써야 한다.

강아지의 욕구는 팀장으로부터 인정받기 위한 욕구다. 팀원들의 이러한 욕구를 충족시켜주기 위해서 팀장은 팀원 모두를 존중하는 태도를 보여야 한다. 일하다 보면 유독 마음에 드는 팀원과 그렇지 않은 팀원이 있을 것이다. 하지만 그것을 내색하지 않도록 유의해야 한다. 직장에서는 자신의 상사로 어떤 사람을 만나느냐에 따라 직장 생활의 운명이 달라진다. 당신의 팀원 역시 당신으로 인해 운명이 달라질 수 있을 것이다. 겸허한 자세로 팀원 개개인을 똑같이 대하고 성과 평가는 공정하게 해야 한다.

수탉의 욕구를 해소해주기 위해서는 팀원 개개인의 적성을 잘 알고 있어야 한다. 이를 바탕으로 적재적소에 배치를 해주어야 한다. 사실 수탉의 욕구만 해소된다면 조직의 성과 창출은 그리 어렵지 않은 일이다. 스스로 알아서 일할 것이기 때문이다. 그러나 현실적으로는 팀원 스스로도 자신이 원하는 일이 무엇인지도 모르고 설사 안다 한들 그 일을 할 수 있는 여건이 되지 않는 경우가 많다. 팀원 개개인을 면밀히 관찰하여 그의 강점을 찾아 일러주고 그에게 어떤 일이 어울리는지를 고민해야 할 것이다. 쉽지는 않겠지만 팀원에게 어울리는 일을 찾아주는 매치 메이커로서 팀장의 역할이 필요하다.

고양이의 욕구는 자신을 성장, 발전시키고자 하는 욕구다. 팀장은 팀원들의 미래 경쟁력을 위한 역량 개발이 이뤄질 수 있는 환경을 제공해야 한다. 일이 너무 바빠 도저히 팀원들에게 교육 기회를 줄 수 없는데 어떻게 하면 좋으냐고 호소하는 팀장을 많이 보아왔다. 하지만 교육은 팀원 육성의 하나의 방법일 뿐이다. 오히려 일을 통해 육성하는 접근이 훨씬 더 효과적이다. 팀원들의 전문성 개발을 위해 업무 현장에서 활용할 수 있는 다양한 방법이 존재한다.

사람의 마음과 소통한다는 것은 쉬운 일이 아니다. 왜냐하면 어지간해서는 마음을 털어놓지도 않으며 마음속에 들어 있는 이야기가 저마다 다르기 때문이다. 위의 네 가지 욕구로도 설명이 안 되는 저마다의 고충을 가지고 있을 수 있다. 그런 마음을 듣기 위해서라도 팀장은 팀원 개개인과 일대일로 소통하는 시간을 자주 가져야 한다. 팀원들은 당신에 대한 믿음이 생길 때 비로소 자신의 마음을 끄집어 내놓을 것이다.

# 은인 또는 '전생의 웬수'

> " 우리 팀장에게 기대할 것이 없습니다. 인사 고과도 엉망이고 승진은 언감생심이고. 우리 팀장과 일하면서 남는 것이 없네요. 어쩌다 이런 팀장을 만나서 제가 이 꼴이 됐는지 모르겠어요. 시간을 돌릴 수만 있다면 저는 다른 길을 선택했을 겁니다. "

　　우리나라 프로야구에서 최고의 타자를 꼽는다고 하면 박병호 선수가 빠지지 않을 것이다. 2013년에 그는 절정의 기량을 선보였는데 당시 홈런왕을 포함한 타격 4관왕에다, 2년 연속 시즌 MVP로 선정되었다. 이후 계속 홈런과 타율에서 수위 타자의 자리를 놓치지 않았으며 메이저리그에도 다녀온 경력을 보유하고 있다. 그런데 그의 프로야구 경력에서 흥미로운 사실은 그가 처음부터 그렇게 잘했던 것은 아니라는 점이다. 2011년 상반기까지 그의 통산 타율은 2할이 채 되지 않았다. 급기야 부상까지 당해 팔꿈치 수술까지 받았다. 팀에서는 주전 경쟁에서 완전히 밀려 설 자리조차 없었다. 결국 박병호 선수는 2011년 시즌 중반 넥센으로 트레이드되었다.

트레이드 당시 넥센 구단은 팬들로부터 십자포화의 비난을 받았다. 팀에서 잘나가는 투수를 내주고 형편없는 성적을 내는 타자를 받아왔으니 누가 봐도 한심스러운 선택이 아닐 수 없었다. 그러나 얼마 지나지 않아 이러한 비난이 찬사로 바뀌기 시작했다. 박병호 선수가 팀에 자리 잡자마자 오랫동안 잠들어 있던 잠재력을 폭발시켰기 때문이다. 이전 구단에서의 성적이 납득이 가지 않을 정도의 맹활약이었다. 그러고는 급기야 이듬해에 홈런왕 타이틀을 거머쥐었다.

도대체 이 선수에게 무슨 일이 있었을까? 트레이드에 자극을 받아 심기일전하여 야구에 임한 결과였을까? 아니다. 그는 이전 구단에서도 훈련만큼은 따라올 자가 없을 정도로 열심히 한 선수였다. 결국 선수와 팀의 궁합이 잘 맞았다는 말밖에 할 수 있는 이야기가 없다. 기량을 꽃피울 수 있는 환경을 만난 것이다.

대기업 CEO로 재직하다 퇴임한 경영자의 강연에서 들은 이야기다. 그는 직원들을 모아놓고 인생에 대한 이야기를 했다. 그가 장난스럽게 던진 말 한마디가 가슴에 꽂혔다.

"인생에서 운 좋은 사람은 못 이긴다."

말콤 글래드웰은 《아웃라이어》라는 책에서 평범함을 넘어 비범한 사람으로 성장하는 데 있어 가장 중요한 요소로 두 가지를 강조하고 있다. 그 가운데 첫 번째로 제시된 요소는 참으로 허망하기까지 하다. 그것은 인생은 '복불복'이라는 관점이다. 그는 책에서 한 분야에서 비범한 경지에 이른 사람들의 공통점은 운이 좋았다고밖에 할 수가 없다고 말한다.

또 하나로 제시된 비범한 사람들의 공통점은 '10년의 법칙'이다. 10년의 법칙은 한 분야에서 10년 동안 '올인'하면 최고 수준의 실력과 전문성을 갖출 수 있게 된다는 이론이다. 이 또한 좋은 스승을 만나 주기적으로 피드백을 받아야 한다는 점을 강조한 것을 보면 역시 한 인간의 성장에서 환경의 중요성을 배제할 수 없다. 이 같은 책이 아니더라도 살다 보면 세상이 그리 공평하지 않다는 느낌을 종종 갖게 된다.

## | 팀장이 팀원에게 줄 수 있는 두 가지 선물 |

용을 쓰고 일해도 하는 일마다 꼬일 때가 있다. 누군가는 설렁설렁 일하는 것 같은데 일이 술술 풀려나간다. 나는 아주 오랫동안 운이라는 것을 믿지 않았다. 그저 열심히 노력하면 그에 상응하는 대가가 주어질 것이라 생각했다. 하지만 생각이 바뀌었다. 이제는 인생에서 노력만큼 운도 매우 중요한 요소로 작용하는 것임을 믿는다.

우리의 인생에서 가장 대표적인 운은 뭐니 뭐니 해도 사람 운일 것이다. 같은 일을 해도 누구와 함께 일하느냐에 따라 운명이 바뀐다. 리더로 성장하기 전까지 당신의 인생을 생각해보라. 아마도 당신이 만났던 사람과 당신이 수행했던 일이 오늘날의 당신을 만들었다 해도 과언이 아닐 것이다. 당신이 그간 만나왔던 사람들 가운데 가장 영향력이 있었던 사람을 꼽으라고 한다면 누구일 것 같은가? 아마도 당신의 상사를 배제할 수 없을 것이다.

이제 당신과 함께 일하는 팀원의 입장으로 돌아가 보자. 그들 각각의 인생에서 당신은 어떤 위치에 있을 것 같은가? 그들 각각의 인생에서 당신은 행운 같은 인연인가? 아니면 절대 만나서는 안 될 불운한 악연인가?

리더가 된다는 것은 무엇을 의미하는가? 바로 사람을 책임지는 것이다. 당신과의 만남이 결코 악연이 되어서는 안 된다. 다시 말하면 훗날 당신과 함께 일했던 직원 개개인이 당신을 기쁜 마음으로 기억할 수 있어야 한다.

팀장이 팀원에게 줄 수 있는 선물엔 두 가지가 있다. 하나는 높은 인사 고과 또는 승진을 챙겨주는 것이고, 다른 하나는 역량 향상을 도와주는 것이다. 사실 따지고 보면 이 두 가지가 전부다. 두 가지 선물의 속성을 따져보면 '높은 고과나 승진'은 단기적인 만족을 주는 선물일 것이고 '역량 향상'은 장기적인 만족을 주는 선물이 된다. 여기서 '역량'은 특정한 일을 잘할 수 있는 능력을 뜻하며 구성요소로는 관련된 지식, 스킬, 태도 등이 있다. '전문성'이라는 말과 같은 의미라고 생각해도 무리는 없을 것이다. 직장인에게 '높은 고과나 승진'만큼 순간적으로 만족을 주는 것은 없을 것이다. 하지만 이는 냉정하게 따져보면 지속가능하지 않다. '역량 향상'은 장기적인 만족을 주는 것일 뿐만 아니라 한 사람의 자아실현과 연관된 요소이기 때문에 단기적인 만족 측면에서도 결코 무시할 수 없는 요소라 할 것이다. 그런 측면에서 나는 개인적으로 '높은 고과나 승진'보다는 '역량 향상'이 한 개인에게 훨씬 더 중요한 것이라 믿는다.

팀장이 팀원에게 줄 수 있는 두 가지 선물인 '역량 향상'과 '높은 고과·승진'을 놓고 매트릭스를 만들어보면 다음과 같은 표가 나온다. 여기에서 팀장은 팀원에게 네 가지 유형으로 분류될 수 있다.

**네 가지 유형의 팀장**

|  | 낮은 고과 | 높은 고과나 승진 |
|---|---|---|
| **역량 향상 有** | 2번 유형<br>두고두고 고마운 사람 | 1번 유형<br>평생의 귀인 |
| **역량 향상 無** | 4번 유형<br>전생의 '웬수' | 3번 유형<br>잠깐 고마운 사람 |

먼저 1번 유형에 해당하는 팀장은 팀원에게 평생의 귀인과 같은 분이다. '높은 고과나 승진'을 챙겨줌으로써 단기적인 만족을 줌과 동시에 장기적인 만족을 주는 '역량 향상'까지 챙겨준다. 이와 같은 사람은 평생 잊지 못하는 귀인임에 틀림없다.

2번 유형에 해당하는 팀장은 '두고두고 고마운 사람'이다. 비록 단기적으로는 높은 고과나 승진을 챙겨주지 못했기 때문에 약간 서운함을 줄 수는 있으나 장기적으로는 절대 그렇지 않다. 시간이 흘러 지나고 나면 연락해서 찾아뵙고 싶은 분들이 여기에 해당된다. 자신의 경력을 되돌아보는 기회가 종종 있는데 이런 말을 할 때가 있다. "내가 당시에는 마음고생은 했어도 그때 정말 많은 것을 배웠어." 이런 말을 하는 경우는 대개 2번 유형의 팀장과 함께 일했던 상황이다.

3번 유형의 팀장은 높은 고과나 승진을 챙겨줌으로써 단기적인 만족이나 고마움을 주는 팀장임에는 틀림없다. 하지만 이 같은 만족과 고마움은 지속되기 어렵다. 평생 함께할 것도 아니고 대개 직장에서 한 사람과의 인연은 아무리 길어도 3년을 넘기기 어렵다. 요즘은 조직의 변화 속도가 빨라져서 조직 개편이 수시로 이뤄지고 있기에 누군가와 함께 하는 기간은 점점 짧아져만 가고 있다. 따라서 결국 높은 인사 고과를 받거나 승진을 했다는 것은 누군가가 나를 챙겨줬기 때문일 수도 있지만 조금만 시간이 흘러도 결국 자기가 잘났거나 일을 열심히 해서라고 결론짓게 된다. 특히 3번 유형의 팀장은 장기적인 만족을 주는 '역량 향상'을 챙겨주지 못한 악연이 될 수도 있다. 함께 있을 때는 고마운 사람이었지만 시간이 흘러서는 원망하게 되는 대상으로 바뀌어버릴 가능성도 높다.

마지막 4번 유형의 팀장에 대해서는 군이 언급할 이유가 없다. '전생의 웬수'와 같이 팀원에게 악연과 같은 팀장이라 할 것이다.

팀원 개개인과 멋진 인연이 되는 팀장은 팀원에게 만족감을 주는 사람이다. 물론 '높은 고과나 승진'과 같은 단기적인 만족과 '역량 향상'과 같은 장기적인 만족, 두 가지를 모두 챙겨줄 수만 있다면 이처럼 좋은 것이 어디에 있겠는가? 하지만 '높은 고과나 승진'은 팀장이 챙겨주고 싶다고 해서 모두 챙겨줄 수 있는 것도 아니다. 대개 조직은 내부 규정에 의해 인사 고과나 승진의 비율이 제한되어 있고 때로는 본의 아니게 서운한 인사 고과를 줄 수밖에 없는 상황들도 많다. 결국 팀장이 팀장의 의지로 팀원에게 챙겨줄 수 있는 선물은 딱 한 가지만 남는다. 그것은 팀원의 '역량 향상'이다. 이것은 팀장이 마음먹기에 따라서 그리고 노력하기에 따라서 얼마든지 챙겨줄 수 있는 것이다. 당신을 만났을 때 최고로 성장했다는 말을 팀원에게 들을 수 있다면 당신은 그 자체로 은인과도 같은 최고의 팀장이 되는 것이다. 팀원의 역량을 키워줄 수 있는 방법을 연구하라. 지식창조 사회에서 사람들이 갈수록 중요해지고, 사람들이 가장 소중하게 생각하는 가치는 바로 '역량 향상'이다.

# 최고의 역량 개발은 일을 통한 육성

" 팀장으로서 팀원들에게 역량 개발의 기회를 주고 싶어요. 그런데 인력도 부족한 상황이고 예산도 없어 외부의 교육 프로그램에 참여하게 할 수 있는 여건도 되지 않습니다. 팀원의 역량을 키워줄 수 있는 좋은 방법이 없을까요? "

팀장은 팀원의 역량 향상에 대한 책임이 있다. 앞에서 언급한 바와 같이 팀원에게 가장 중요한 가치 중의 하나는 역량 향상이고, 팀장이 팀원에게 줄 수 있는 최고의 선물이다. 나는 직원에 대한 최고의 복리 후생은 바로 '역량 향상'이라고 믿는다. 그렇다면 팀원의 역량 향상을 위해 팀장은 어떤 노력을 해야 할까? 여러 가지 방법이 있겠지만 단연코 일을 통해서 배우는 것을 빼놓을 수 없다. 직접 해보는 것만큼 효과적인 학습 방법이 있을까? 하지만 이 대목에서 주의를 기울일 점이 한 가지 있다. 그것은 어떤 일을 직접 해봤다고 해서 모두가 역량이 향상되는 것은 아니라는 점이다. 같은 일을 하고도 탁월한 역량을 보유하게 되는 사람도 있고 전혀 그렇지 않은 사람도 있다. 그저 무작정 일한다고 해서 역량이 향상되는 것은 아니다. 일을 통해 역량 향상이 이뤄지려면 세 가지 조건이 필요하다.


## | 일의 난이도를 높여라 |

첫째, 팀원이 수행하는 일의 난이도를 높여야 한다. 일의 난이도를 높인다는 것은 현재 수행하는 업무 수행 수준이나 팀원의 현재 역량 수준을 넘어서는 일을 하도록 한다는 말이다. 좀 더 구체적으로 표현하면 새로운 일에 도전하거나 일의 목표 수준이나 일 처리 속도를 높인다는 것을 뜻한다. 예를 들어보자. 나는 면허를 따고 운전을 무려 30년 동안이나 해왔다. 직업의 특성상 이곳저곳을 운전하고 다니는 시간이 많아서 결코 적지 않은 시간 동안 운전을 해오며 살았다. 하지만 30년 동안 운전을 해왔지만 솔직히 운전 실력은 매우 형편없는 수준이다. 가끔은 차라리 초보 운전 시절이 더 나았다고 생각하는 때가 있다. 초보 때는 스스로 운전을 못 한다는 사실을 알고 있다. 그래서 천천히 주위를 살피며 운전을 하니 접촉 사고 같은 것은 일절 발생하지 않았다. 하지만 이제 운전 경력 30년이라는 허상과도 같은 경력이 종종 문제를 일으키곤 한다. 운전 실력은 전혀 늘지 않았는데 건방만 늘어버린 것이다. 그래서 부주의하게 운전하다가 접촉 사고가 일어난다. 30년 운전을 했지만 운전 실력이 전혀 늘지 않는 이유는 무엇일까? 그 이유는 자명하다. 나는 늘 같은 난이도 수준의 운전을 해왔기 때문이다. 이는 나뿐만 아니라 이 세상에서 자가운전을 하는 대부분의 사람에게 해당하는 이야기일 것이다.

따라서 팀장은 팀원의 역량 향상을 위해 팀원이 업무 수행 과정에서 도전을 경험할 수 있도록 해야 한다. 평소 안 해봤던 새로운 업무를 하게 하거나 같은 일을 할 때는 그 일의 목표 수준 또는 일 처리 속도를 높일 수 있도록 동기부여 해야 한다. 물론 일의 난이도가 높아지면 팀원은 스스로 일에 대한 높은 부담감을 갖게 된다. 또한 일이 실패하면 어떡하나 하는 걱정이 앞설 수 있다. 그래서 팀장은 난이도가 높은 업무를 부여할 때는 다음의 특별한 노력이 필요하다.

먼저 잘 해낼 수 있다는 믿음을 보여주어야 한다. 예를 들면 과거 그의 업적이나 평소 관찰한 그의 강점을 말해준다면 팀원이 스스로에 대한 자신감을 갖는 데 큰 도움이 될 것이다.

다음으로는 그가 스스로 부족한 역량을 향상시킬 수 있는 방법을 제시해야 한다. 그 일을 수행하는 데 어떤 역량이 필요하고, 해당 팀원에게 어떤 역량이 부족한지 파악하여 그것을 채울 기회나 방법을 제공하면 될 것이다. 가령 팀장이 가르쳐줄 수 있는 것이 있다면 직접 가르쳐줘도 되고 그렇지 못하다면 그 분야의 다른 전문가를 통해서 배울 기회를 제공해야 할 것이다. 아니면 관련된 매뉴얼이나 도서 등의 제공을 통해 스스로 학습할 수 있도록 하는 방법이 있다.

마지막으로 팀장으로서 일의 성공적 수행을 위해 도울 수 있는 것을 찾아 도와야 한다. 만약 당장 뭘 도와야 할지 모른다면 팀원에게 다음과 같이 말해주면 될 것이다.

"혹시 일을 수행하다가 어려운 점이나 나의 도움이 필요하면 언제든지 찾아와줘!"

난이도가 높은 일을 부여할 때 팀장이 해야 할 일

1. 잘 해낼 수 있다는 있다는 믿음을 보여준다.
2. 그가 스스로 부족한 역량을 향상시킬 수 있는 방법을 제시한다.
3. 팀장으로서 일의 성공적 수행을 위해 도울 수 있는 것을 찾아 도와준다.

## | 빠른 실패로 실패의 리스크를 최소화하라

둘째, 빠른 실패를 하게 한다. 높은 난이도의 일을 하게 되면 필연적으로 실패의 과정이 뒤따를 수밖에 없다. 사실 이러한 실패가 두렵기 때문에 사람들은 일할 때 늘 안전지대에 머무르려 하는 경향이 강하다. 즉, 늘 하던 일을 하던 수준으로만 하려고 한다. 팀에서 수행하는 일의 수준이 늘 이 모양이라면 그 조직은 결코 발전할 수 없고 외부 환경 변화에 적응하지 못해 도태되고 말 것이다. 뭔가에 도전을 하게 되면 늘 실패가 뒤따르기 마련이므로 실패를 두려워하는 조직은 결코 도전을 하지 못하게 된다. 하지만 팀장 역시도 실패는 늘 부담스러울 수밖에 없다. 대체로 팀 단위 조직의 성과 평가는 1년 단위이고 이 기간 내에 성과를 내지 못하면 팀과 팀장이 어려운 상황에 처하게 될 수밖에 없다. 이러한 상황에서 팀이 선택할 수 있는 것은 도전은 지속하되 실패의 리스크를 최소화하는 것이다. 이를 위한 방법은 한 가지다. 빠르게 프로토타입(Prototype)을 만들어 고객의 빠른 피드백을 받는 것이다. 프로토타입은 핵심적인 기능만 넣어 만든 시제품이라는 뜻이다. 검증과 개선을 목표로 만든 시제품으로 고객의 피드백을 받기 위해 만드는 것이다. 어떤 일의 성패는 항상 고객이 결정한다. 따라서 프로토타입이 아닌 최종 완성품을 만들려고 하면 일단 소요되는 기간과 비용이 늘어난다. 이것이 성공하면 좋겠지만 막판에 고객이 선호하지 않거나 등을 돌려버리는 상황이 발생하면 되돌리기 어려운 실패를 맛볼 수밖에 없다. 따라서 짧은 시간 내에 고객에게 보여줄 수 있는 프로토타입을 만들어 고객에게 피드백을 받아야 한다. 이때는 실패를 해도 그리 큰 타격을 받지 않는다. 제품 및 서비스 개발의 초기이고 자원도 그리 많이 들어간 상태가 아니기 때문이다. 프로토타입은 고객의 피드백을 통해 제대로 된 일의 방향을 잡기 위한 것으로 일의 방향만 제대로 잡으면 약간의 시행착오는 있겠지만 큰 틀에서는 결코 실패하지 않는다.

팀장은 팀원에게 난이도가 높은 업무를 부여할 때, 짧게 짧게 피드백을 계속 받을 수 있는 형태로 일을 수행하도록 해야 한다. 팀원이 최종 결과물을 만들어 올 때까지 기다리는 접근은 너무나도 위험하다. 잘되면 다행이겠지만 잘 안 될 때는 팀장과 팀원 사이의 신뢰관계도 완전히 깨질 수밖에 없다. 서로를 원망하면서 말이다. 직업 세계에서는 결국 성과로 말해야 한다. 실패는 어쩔 수 없지만 일의 최종 결과가 실패여서는 안 된다. 실패는 최종적인 목적지에 도달하기 전에 일의 수행 과정에서 발생하는 것이어야 하고 얼마든지 수습 가능한 형태의 것이어야 한다.

## | 일의 오답노트를 작성하라

셋째, 일하고 나서는 반드시 회고의 과정을 거치게 해야 한다. '회고'는 쉽게 말해 일하고 나서 자신이 했던 일을 되돌아보는 과정을 의미한다. 학교 다닐 때 공부 잘하는 아이들에게는 눈에 두드러지는 특징 한 가지가 있다. 그것은 시험을 보고 나면 꼭 오답노트를 작성한다는 것이다. 오답노트의 작성을 통해 맞았던 문제와 틀렸던 문제를 구분하고, 틀렸던 문제를 반복해서 다시 풀어보면서 같은 실수를 반복하지 않는다. 이러한 회고의 과정을 거치므로 시험을 보면 볼수록 같은 실수나 실패를 하지 않게 되어 성적이 좋아진다. 어떤 분야에서 역량을 높이기를 원한다면 반드시 이러한 회고의 과정을 거쳐야 한다.

우리는 일을 한다. 일은 학생으로 따져보면 시험을 보는 것과 같다. 학생이 시험을 보고 나서 오답노트를 작성하듯 비즈니스를 수행하는 사람은 일을 하고 나서는 일의 오답노트를 작성하는 시간을 가져야 한다.

팀원의 역량 향상을 위한다면 팀장은 팀 내 회고의 문화나 시스템이 정착되도록 해야 한다. 이는 팀원 스스로가 자신이 했던 일을 되돌아보고 잘했던 점과 못했던 점을 정리하고 팀원 상호 간 공유하는 과정이 자동으로 이뤄질 수 있도록 하는 것이다. 물론 거의 모든 조직에서 일을 하고 나면 일의 결과 보고서를 작성하는 과정을 거친다. 그런데 대체로 일의 결과 보고서는 자화자찬의 내용으로 채워져 있는 경우가 많다. 왜냐하면 일의 결과 보고서는 평가와 직결되기 때문에 자신이 잘못한 점을 굳이 언급할 필요가 없기 때문이다.

좀 더 구체적으로 팀에서 어떤 식으로 회고를 진행하는 것이 좋을까? 방법은 그리 어렵지 않다. 아니, 어려운 방법을 사용하면 안 된다. 어떤 도구든 팀에서 사용하는 도구는 복잡하지 않아야 한다. 복잡한 것은 그만큼 실행력이 떨어지기 때문이다. 다음의 '회고 양식'을 각 팀원에게 나눠주고 각자 자신이 수행한 프로젝트를 되돌아보며 작성하는 시간을 갖는다. 그리고 작성한 내용을 전체 팀원이 한자리에 모여 공유하는 것이다. 만약 전체 팀원과 굳이 공유할 만한 내용이 아니라면 팀장과 팀원 간 원온원 미팅을 할 때 팀원이 이를 작성해 팀장과의 대화 자료로 활용하는 방법을 사용해도 좋을 것이다.

## 회고 양식

프로젝트명 :                                                    작성자 :

| 구분 | 내용 | 향후 실천 아이디어 |
|---|---|---|
| 진짜 잘했던 일은 무엇인가? | | |
| 아쉬웠거나 못했던 일은 무엇인가? | | |

다음의 예를 통해 회고 양식을 어떤 식으로 작성하는지 이해를 돕고자 한다.

프로젝트명 : OO사 리더십 특강　　　　　　　　　　작성자 : 박태현

| 구분 | 내용 | 향후 실천 아이디어 |
|---|---|---|
| 진짜 잘했던 일은 무엇인가? | • 고객의 니즈를 반영하여 강의 커리큘럼을 작성한 점<br>• 질문을 주고 토론 중심으로 과정을 이끈 점<br>• 학습자의 질문에 대해 감사의 말을 전한 점 | • 향후 모든 강의에서 20퍼센트의 내용은 질문과 토론 중심으로 운영 |
| 아쉬웠거나 못했던 일은 무엇인가? | • 니즈를 반영하는 과정에서 내용이 많아짐<br>• 신세대의 특징에 대해 설명했다면 더 좋았을 것임 | • 한 시간에 핵심 메시지는 3가지 이내로 구성할 것<br>• 신세대의 특징에 대한 연구 및 반영 |

상기의 '회고 양식'은 하나의 샘플이다. 가장 좋은 것은 팀의 특성이나 일하는 방식 등에 따라 적합한 것을 개발하여 사용하는 것이다.

회고는 얼핏 보면 그리 어려워 보이지 않는다. 그러나 실제로 회고를 잘하는 조직은 흔치 않다. 그 이유는 팀원들이 아쉽거나 못한 일에 대해서는 자기 입으로 말하려 하지 않기 때문이다. 앞에서 언급했듯이 잘한 일만 이야기하는 자화자찬 회고라면 하나 마나 한 반쪽짜리 회고다. 진정한 회고가 되려면 모두가 솔직해져야 한다. 솔직하게 잘한 일이든 못한 일이든 자신의 입으로 말할 수 있어야 한다.

이것이 가능해지려면 무엇보다 중요한 것은 팀장의 태도다. 팀원이 스스로 잘못한 일에 대해 이야기하는 상황에서 팀장은 어떤 모습이어야 할까? 최악은 그 자리에서 질책하는 것이다. 예를 들면 다음과 같다.

"내가 진작에 그럴 줄 알았어. 내가 뭐라고 했어. 그렇게 하면 안 된다고 했잖아. 누누이 이야기했는데 왜 또 그런 실수를 한 거야?"

이와 같은 팀장의 반응은 팀원에게 일종의 봉변이다. 다시는 이처럼 짜증 나는 회고의 시간을 갖고 싶지 않을 것이다.

다음으로는 팀원의 실수나 잘못한 일을 수첩에 기록해놨다가 연말 인사평가에 반영하는 것이다. 이런 꼴을 당하면 팀원 입장에서 아마도 배신감이 들 것이다. 팀원으로 하여금 어떤 이야기든 솔직하게 말하게 하려면 팀장 역시 솔직해져야 한다.

회고의 목적은 잘한 일은 더 잘해 나가고 못한 일은 반성하여 같은 시행착오를 범하지 않도록 하는 것이다. 그리고 이 과정에서 팀원의 학습과 성장을 도모하는 것이다. 팀장은 이와 같은 회고의 목적에 대해 팀원들에게 분명히 말해주어야 한다. 그리고 회고 과정에서 잘한 일이든 못한 일이든 팀원의 의견에 고마움을 표현해야 한다. 자신의 잘못을 스스로 말해주는 팀원, 세상에 이처럼 고마운 팀원이 어디 있단 말인가?

팀장 역시도 회고의 예외가 될 수 없다. 사실 가장 회고를 많이 해야 하는 사람이 팀장인지도 모른다. 팀에서 책임과 영향력이 가장 큰 사람이 아닌가? 팀장이 회고를 솔선수범한다면 팀원들 역시 팀장을 본받아 보다 솔직한 회고를 할 수 있을 것이다. 팀 차원의 회고 시간을 가질 때나 팀원과 원온원 미팅을 할 때 팀장으로서 당신이 잘한 점과 못한 점을 정리하여 이야기해 보면 어떨까?

# 빈번한 프레젠테이션 기회를 주어라

> " 일부 팀원이 상무님 앞에서 보고를 잘 안 하려고 합니다. 자신이 직접 작성한 자료도 팀장인 내가 대신해주면 좋겠다고 합니다. 아무래도 위의 상무님과 직접 커뮤니케이션하는 것을 부담스러워하는 것 같습니다. 이럴 때는 내가 팀원을 대신해서 보고해주는 것이 맞을까요? "

미국의 심리학자인 윌리엄 글래서는 사람들이 배울 때 주로 사용하는 방법들 각각에 대한 효과성을 다음과 같이 연구해 발표하였다.

- **읽기:** 10퍼센트
- **듣기:** 20퍼센트
- **눈으로 보기:** 30퍼센트
- **보고 듣기:** 50퍼센트
- **토론:** 70퍼센트

- **경험:** 80퍼센트
- **가르치기:** 95퍼센트

각각의 방법으로 학습을 수행했을 때 학습 내용이 머릿속에 기억으로 남는 비율이다. 뜻밖으로 가장 효율성이 낮은 방법은 독서와 같은 활동이며 가장 효과가 높은 방법은 자신이 알고 있는 것을 남에게 가르치는 활동이다. 연구를 통해 보는 바와 같이 무려 95퍼센트의 내용이 머릿속에 남아 있게 된다. 나는 프레젠테이션이 얼마나 학습 활동에 도움이 되는지 몸으로 체험하고 있다.


## | '가르치기'의 놀라운 효과                                    |

사실 나는 남들 앞에서 말 한마디를 제대로 할 수 있는 사람이 아니었다. 그런데 직장생활을 시작한 지 얼마 안 되어 당시 나의 사수로부터 2시간의 프레젠테이션 과제를 부여받았다. 당시 나는 남들 앞에 서는 것 자체에 트라우마가 있을 정도여서 질색했던 것이 프레젠테이션이었다. 그런데 나의 사수는 그런 나에 대한 배려심이 전혀 없는 사람이었다. 다행히도 준비 기간은 충분했고 그의 독려 속에 입사 후 첫 번째 프레젠테이션을 성공적으로 마칠 수 있었다.

만약 그때의 프레젠테이션 기회가 나에게 주어지지 않았더라면 나의 역량 성장은 매우 더뎠을 것이라 생각한다. 사람은 가르치면서 성장한다. 특히 성인일수록 그렇다. 내가 알고 있는 것을 남에게 가르치는 기회를 가질 때 다음의 네 가지 학습 효과를 누릴 수 있다.

첫째, 자신이 무엇을 알고 있는지를 알게 된다. 효과적인 프레젠테이션을 하기 위해서는 우선 프레젠테이션 자료를 만들어야 한다. 자신의 머릿속에 있는 내용을 글이나 이미지로 옮겨야 한다. 이 과정에서 자신이 알고 있는 것이 보다 명확해진다.

둘째, 알고 있는 것이 명확해짐과 동시에 모르는 것이 무엇인지 명확해진다. 무엇을 모르는지를 아는 것이 학습의 시작이다. 제대로 알지 못하는 것을 알게 되는 과정에서 학습 동기가 일어난다. 프레젠테이션은 주제의 범위 속에서 자신이 이미 알고 있는 것도 전달해야 하지만 모르는 것도 전달해야만 한다. 학습이 일어나지 않을 수가 없다.

셋째, 프레젠테이션은 자신이 준비한 내용을 자신의 입을 통해 말하는 과정을 거치게 되는데 이는 두뇌의 또 다른 영역을 건드려 학습의 효과를 배가시킨다. 자신이 알고 있는 것을 정리하고 정리한 내용을 몸과 입으로 표현하는 과정에서 완벽하게 기억할 수 있게 된다.

마지막으로 프레젠테이션의 효과는 계속된 학습이 일어나도록 동기유발을 한다는 점이다. 대개 사람들은 성공적인 프레젠테이션을 하고 나면 매우 큰 성취감을 느끼게 된다. 본래 사람은 누군가로부터 인정받고자 하는 인정의 욕구를 가지고 있고 다른 사람들로부터 인정받는 것은 프레젠테이션만 한 것이 없다. 설사 프레젠테이션에 실패하더라도 나름대로 의미가 있다. 살면서 자신의 부족함을 이처럼 뼈저리게 느끼는 경험을 어디서 할 수 있겠는가?

현명한 팀장이라면 이와 같은 최고의 학습 효과를 가진 프레젠테이션을 팀원 육성에 있어 절대 빼놓지 않을 것이다. 어떤 형식이나 방식을 사용해도 좋다. 팀의 환경과 특성에 맞게 사용하면 된다.

팀원에게 주는 프레젠테이션 기회를 팀 내부나 사내에 한정할 필요가 없다. 팀원이 특정 분야에서 전문성을 보유하고 있다면 과감하게 사외에서 프레젠테이션을 할 수 있는 기회를 주는 것도 좋을 것이다. 이미 앞에서 프레젠테이션의 준비와 실행 과정에서 엄청난 학습이 이뤄진다고 소개했다. 외부 프레젠테이션은 내부보다 더 큰 학습 효과가 있다. 내부에서는 좀 내용이 부실해도 청중이 함께 일하는 동료와 선후배 관계이기에 크게 문제될 것은 없다. 하지만 외부는 상황이 많이 다르다. 프로페셔널들이 자웅을 겨루는 곳이기 때문이다. 이러한 자리에서 프레젠테이션은 프로답게 해야 한다. 준비와 실행 과정에서 평소보다 몇 배의 학습 노력이 투입될 것임이 틀림없다.

## | 작성한 사람이 직접 보고하게 하라

팀원에게 줄 수 있는 프레젠테이션의 기회는 이외에도 아주 많다. 예를 들어 팀원이 직접 작성한 보고서를 CEO와 같은 최종 의사결정자에게 직접 보고하게 하는 것도 프레젠테이션의 기회를 주는 것이다. 실무자가 애써 작성한 보고서를 팀장이 대신해서 상부에 보고하면 팀원의 마음은 어떨까? 팀장의 입장에서는 팀원을 돕는 차원이라고 합리화하겠지만 이는 팀원의 공을 가로채는 것과 다름없다. 보고받는 사람은 보고하는 사람이 일을 수행한 것으로 느끼기 때문이다. 더구나 가장 이상적인 학습의 형태인 프레젠테이션의 기회 또한 빼앗는 것이니 나쁘기로는 이만한 것이 없다. 정리하면 공도 뺏고 역량 개발의 기회도 뺏는 형국이기 때문이다.

팀원들이 열정적으로 일하는 조직 문화를 꿈꾸는 CEO나 리더들이 많다. 가장 손쉽게 할 수 있는 방법 한 가지를 제시한다. 어떤 상황에서든 보고서를 직접 작성한 사람이 직접 보고하게 하는 것이다. 조직에서 보고서를 직접 작성하는 사람은 실무자다. 그리고 그만큼 해당 일에 대해 잘 아는 사람은 없다.

실무자가 직접 보고하게 되면 상하 간 소통의 문제가 발생할 일이 없다. 동시에 실무자는 자신이 하는 일에 완전한 주인의식을 갖게 되므로 일을 더욱 꼼꼼히 챙기고 열정적으로 수행하게 된다. 업무에 대한 이해가 부족한 중간관리자들을 거칠 필요가 없으니 의사결정의 속도가 향상된다. 중간관리자 역시 일을 일방적으로 지시하고 성과만 챙기는 입장에서 벗어나 직접 일을 수행하게 될 것이므로 조직 전체의 참여와 열정 수준이 자연스럽게 올라갈 수 있다.

종종 실무자가 스스로 자신이 직접 작성한 문서임에도 불구하고 임원이나 CEO가 부담스러워 팀장이 대신 보고해주기를 원하는 경우도 있다. 하지만 이럴 때라도 팀장은 실무자가 직접 보고할 수 있도록 하는 것이 원칙이다. 다만 실무자가 잘 보고할 수 있도록 팀장은 곁에 든든하게 자리해주고 혹시라도 실무자가 답하기 어려운 난

처한 질문을 받았을 때나 논리가 궁색할 때 대변자나 해결사로서 지원해주면 될 것이다.

회의할 때 팀원들이 자기 생각을 끝까지 말할 수 있도록 끝까지 경청하는 것도 프레젠테이션의 기회를 주는 것이다. 처음에는 모호했던 생각도 말을 하다 보면 서서히 명확해져 가는 경험을 해본 적이 있을 것이다. 말하면서 학습이 이뤄지는 것이다. 뭔가 목적을 가지고 자기 생각을 남들에게 말하는 모든 활동이 프레젠테이션이고 학습 과정이다.

프레젠테이션의 효과는 이뿐만이 아니다. 옛말에 하고 싶은 말을 할 수만 있어도 병이 낫는다는 말이 있다. 모르긴 해도 현대사회에서 직장인들의 스트레스 주범 가운데 하나는 자기 생각을 제대로 표출할 수 없는 데서 오는 답답함일 것이다. 말하지 않으면 답답해 불만과 병이 생기지만 말을 하게 되면 속이 후련해지고 스트레스도 해소할 수 있다. 팀원에게 프레젠테이션의 기회를 준다는 것은 팀원의 역량 개발은 물론 여러모로 효과 만점의 리더십 전략이다.

# 리더십은 습관이다

처음 리더는 모두 힘들다. 리더로 승진하고 나서 기쁨도 잠시, 당신은 어쩌면 실무자 시절을 그리워하고 있을지도 모른다. 실적에 대한 압박감, 당신을 시험하고 있는 듯한 얄미운 구성원들, 마치 당신이 오기를 기다린 듯 봇물 터지듯 쏟아지는 일들, 예상치 못한 곳에서 뒤통수를 치는 각종 사건·사고들, 여기저기서 다양한 목적으로 당신을 찾아대는 사람들. 혼이 빠질 듯 바쁘기만 하고 어느 것 하나 만만한 게 없다. 얼굴에서는 웃음기가 점점 사라진다. 부담감이 어깨를 짓누른다. 과연 리더의 역할을 제대로 수행할 수 있을지 걱정이 늘어간다.

하지만 괜찮다. 이 모든 과정은 당신의 선배 리더도 겪었고 당신처럼 처음 리더가 된 모든 사람들이 피할 수 없는 과정이다. 처음부터 잘하는 사람은 별로 없다. 누구에게나 처음 리더의 자리는 힘든 것이다. 그리고 당신이 힘들다는 것은 어쩌면 좋은 신호다. 그만큼 당신이 좋은 리더가 되기 위해 노력하고 있다는 증거이기 때문이다. 솔직히 리더의 책임보다 리더의 지위를 누리고자 하는 사람에게는 리더의 자리가 그다지 힘들지 않다.

베테랑 리더보다 의외로 처음 리더가 조직의 변화를 끌어내고 존경받는 리더십을 발휘하는 경우가 많다. 그 이유는 무엇일까? 바로 처음 리더가 갖는 초심 덕분이다. 좋은 리더가 되기 위한 초심이 분명히 서 있고 초심이 강하기에 새로운 것을 이것저것 시도하기 때문이다. 요즘과 같이 변화가 심한 세상에서는 아무것도 안 하는 것이 최악이다. 뭐라도 자꾸 해보는 것이 변화에 적응하는 가장 효과적인 방법이다.

당신은 리더로서 지금보다 좋은 에너지를 갖기는 어렵다. 지금 이 순간, 당신에게 필요한 것은 패기 넘치는 자신감과 새로운 것을 시도하는 과감한 실행력이다. 그것이 회사와 당신과 함께 일하는 사람들이 당신에게 기대하는 것이다.

처음 리더에게는 첫 일 년이 중요하다. 당신의 리더십 스타일을 세우고 완성해가는 학습의 과정이기 때문이다. 리더십도 습관이다. 처음부터 나쁜 습관에 익숙해져 버리면 나쁜 리더가 되고, 좋은 습관을 갖게 되면 좋은 리더로 성장한다.

리더로서의 좋은 습관을 형성하는 방법은 다른 것이 없다. 하루하루를 돌아보며 반성하는 것이다. 오늘 당신의 행동 가운데 바람직한 행동과 문제가 되었던 행동은 어떤 것이었는지를 체크해보라. 바람직한 행동은 계속 유지하고 발전시키면 된다. 반면 문제가 되었던 행동은 깨끗이 인정하고 더 나은 아이디어를 찾아 실행하면 된다. 반성하는 리더가 아름답다. 혼자서 답을 찾을 수 없다면 함께 일하는 구성원에게 도움을 청하라. 구성원은 고민을 털어놓고 도움을 청하는 리더에 대한 호감이 높다.

당신의 리더십 목표를 다음과 같이 정하면 어떨까?

"같은 실수는 반복하지 않는다."

이렇게만 해도 당신은 이른 시간 내에 좋은 리더가 될 수 있다. 건투를 빈다.

# 처음 리더가 된 당신에게·개정증보판

초판 1쇄 2020년 1월 27일
　　8쇄 2023년 11월 28일

지은이 | 박태현

발행인 | 박장희
부문대표 | 정철근
제작총괄 | 이정아
편집장 | 조한별
책임편집 | 최민경

디자인 | 김윤남

발행처 | 중앙일보에스(주)
주소 | (03909) 서울시 마포구 상암산로 48-6
등록 | 2008년 1월 25일 제2014-000178호
문의 | jbooks@joongang.co.kr
홈페이지 | jbooks.joins.com
네이버 포스트 | post.naver.com/joongangbooks
인스타그램 | @j__books

© 박태현, 2020

ISBN 978-89-278-1087-2  03320

중앙북스는 중앙일보에스(주)의 단행본 출판 브랜드입니다.